Marketing Digital: 7 Negocios Exitosos Online

Descubre estrategias para atraer clientes, ganar dinero y emprender por Internet

Josué Rodríguez

Copyright © 2017 Josué Rodríiguez

Copyright © 2017 Editorial Imagen.
Córdoba, Argentina

Editorialimagen.com
All rights reserved.

Todos los derechos reservados. Ninguna parte de este libro puede ser reproducida por cualquier medio sin el permiso escrito del autor, a excepción de porciones breves citadas con fines de revisión. Este libro y material suplementario fue creado para proporcionar información específica sobre los temas tratados. Se ha verificado la información proporcionada en este material, sin embargo, ni el autor ni el editor son responsables de errores, omisiones, cambios o interpretaciones incorrectas sobre el tema. La información contenida en este material está sujeta a las leyes locales, estatales, federales e internacionales. Se aconseja al lector consultar con un profesional con licencia para servicios legales, financieros y otros servicios profesionales. El lector de este material asume la responsabilidad del uso de esta información. La adhesión a todas las leyes y reglamentos aplicables que rigen las licencias profesionales, las prácticas comerciales, la publicidad y todos los demás aspectos de hacer negocios en los Estados Unidos o en cualquier otra jurisdicción es responsabilidad exclusiva del lector. El autor y editor no asumen responsabilidad alguna por el uso o mal uso de la información contenida en este material.

CATEGORÍA: Autoayuda/Superación Personal

Impreso en los Estados Unidos de América

ISBN-10: 1-64081-003-X
ISBN-13: 978-1-64081-003-7

ÍNDICE

Introducción	1
Prólogo	9
1 El Nuevo Arbitraje	**15**
2 Gana más. Da más. Vive más.	**23**
Las 4 Fuerzas	*39*
3 Personalizando la Experiencia de Compra	**47**
El poder de la personalización	*57*
Mirando hacia el futuro	*63*
4 Guía Definitiva para Vender en Amazon	**65**
Modelos de negocios de Amazon	*69*
Cómo empezar este negocio	*76*
Cómo vender en Amazon usando el Modelo Generalista	*76*
Cómo vender en Amazon usando el Modelo Especialista	*82*
Cómo encontrar un producto para vender con tu propia marca	*83*
Cómo obtener un UPC para tu producto	*86*
Cómo agregar el producto al catálogo de Amazon	*86*
5 Marketing Sin Costo usando Instagram	**91**
Ciclos de vida	*93*
Marketing en Instagram	*95*
Cómo sobresalir en Instagram	*99*
6 Cómo Generar Clientes Potenciales en Piloto Automático	**105**
Los fundamentos para generar tráfico de calidad	*110*
7 Miles de Visitas con Pinterest	**123**

Cómo funciona Pinterest   124
Resultados obtenidos   125

8 El Negocio del Futuro   **133**

Palabras Finales   **137**

Más Libros de Interés   **140**

Introducción

Me dedico al marketing online desde hace más de 12 años, y en todo este tiempo puedo decir que veo cómo es el emprendedor online promedio. Esto es lo que la mayoría de las personas en este segmento creen:

- Para ganar dinero online existen secretos que solo unos cuantos conocen
- Hay un botón brillante en algún lugar que mágicamente hace dinero
- Es posible ganar mucho dinero sin hacer ningún trabajo en absoluto
- Si compras el producto correcto será como ganarse la lotería, tendrás dinero de por vida
- ESTE producto, ESTA vez, hará toda la diferencia
- Una vez que aprendas el método secreto para ganar dinero nunca tendrás que aprender nada nuevo

Pero déjame decirte la verdad: a lo largo de los años, mientras más duro he trabajado más dinero he ganado. Construir un negocio real requiere tiempo y esfuerzo. No es un mensaje popular, lo sé, pero es la pura verdad. Tú sabes que es verdad.

Hace varios años atrás gané mucho dinero creando sitios web en diferentes nichos de mercado y poniéndoles el código de Adsense que hacía que aparezcan anuncios publicitarios. Pero cuando esa estrategia dejó de funcionar mis ingresos cayeron drásticamente.

Aquí es donde entra la diferencia entre el éxito y el fracaso. Cuando una técnica que había estado funcionando cierto tiempo de repente deja de hacerlo, empleo tiempo y esfuerzo en encontrar por qué.

Tal vez lo estaba haciendo mal. Tal vez necesitaba ajustar lo que estaba haciendo. ¿O será que esa técnica ya no funciona y hay que dedicarse a otra cosa?

La única manera de averiguarlo siempre fue esforzándome para conseguir la respuesta. Y me refiero a un esfuerzo real, pues tuve que ponerme a trabajar para investigar y obtener las respuestas que necesitaba.

Una vez que me di cuenta de que esa técnica ya no funcionaba, tuve que esforzarme aún más para encontrar una alternativa.

Basándome en lo que escucho de los que se dedican al marketing online, sé que la gran mayoría no tiene el tiempo, la energía o el deseo de realizar esa gran cantidad de pruebas para aprender lo que funciona y lo que no.

Muchos sólo quieren una respuesta "que funcione" y que sea perfectamente comprensible. La mayoría no tiene el lujo de tener un equipo de trabajo que pueda ayudarles, y hay otros que tienen algún tipo de empleo remunerado en el que tienen que trabajar.

Vamos a ponerlo de otra manera y ser más específicos: hagas lo que hagas que funciona bien hoy, mañana tendrás que hacer algo un poco diferente. Nada permanece estático en este mundo, y menos cuando tiene que ver con la tecnología.

Puede sonar como una buena noticia, porque significa que tendrás nuevas oportunidades en el futuro para ganar dinero, ¿verdad?

Pero la mala noticia es que no tendrás tiempo para mantenerte al día con la gran cantidad de tareas que involucran la prueba y el error y las cosas nuevas que tendrás que aprender. Mantenerse al día es (casi literalmente) un trabajo a tiempo completo.

Incluso los profesionales tienen las mismas limitaciones de tiempo. Los médicos tienen sus reportes médicos que los ponen al día con nuevos tratamientos y medicamentos. Los abogados tienen que mantenerse al día con las nuevas leyes. Todos confían en otros cuando tiene que ver con hacer el trabajo duro de la investigación.

La mayoría de la gente sólo quiere una respuesta a la pregunta "¿y qué es lo que está funcionando ahora?"

Muy pocas personas realmente anhelan el querer descubrirlo por sí mismos.

La vida es demasiado corta para eso. Es por eso que tenemos profesores que condensan años de aprendizaje para nosotros en lecciones semanales de 1 ó 2 horas.

Así que volvamos a lo que nos interesa: el marketing online. Si tienes un negocio online, y ya sea que ofrezcas productos o servicios, la verdad es que si dejas de aprender y adaptarte perderás dinero y gran parte de tus ingresos. Si tú no te mueves, tu competidor lo hará. Recuerda que en este ambiente nada es estático.

Si tienes por lo menos un año de experiencia en este rubro, de seguro ya sabes que tienes que actualizar tus métodos y técnicas regularmente. El tiempo dedicado a la investigación te recompensará. La investigación es recompensa, es así de simple.

Las pruebas y la investigación pueden descubrir esas pepitas de oro que son más fáciles de desenterrar. Hacerlo regularmente puede hacer la diferencia entre trabajar más duro y trabajar más inteligentemente.

Hagas lo que hagas siempre ten presente que en este ámbito debes actualizar tus conocimientos constantemente.

Es muy fácil ser persuadido de que un nuevo objeto brillante hará todo por ti. Pero incluso la mejor herramienta tiene que ser utilizada de la manera correcta. Tiene que ser mantenida, afilada, lubricada y actualizada para que pueda seguir trabajando de manera óptima. Y cuando una nueva y mejor herramienta es lanzada al mercado, los trabajadores inteligentes se mueven hacia ella.

Ha sucedido antes a través de la historia y continuará sucediendo. El cambio es constante. La pregunta es, ¿estás haciendo lo suficiente para mantener tus conocimientos al día? ¿Está utilizando las mejores técnicas para minimizar tu trabajo y maximizar tus ingresos?

Me gustaría darte un ejemplo concreto sobre esto. Este ejemplo, si bien no es de mi propia experiencia personal, lo escuché de un equipo de trabajo en una conferencia a la que asistí, así que es una experiencia real.

Imagínate dos restaurantes de comida étnica. Ambos son bastante concurridos y bien respetados en la comunidad, situados en la misma ciudad y con una muy buena reputación.

Como la economía local en la ciudad está sufriendo una crisis, también lo hacen los restaurantes. Cada vez más personas dejan de comer afuera y en su lugar compran comidas preparadas para calentar en casa.

Como es de esperar, los ingresos de ambos restaurantes se desploman debido a que hay menos clientes que entran por la puerta. Y es aquí donde los caminos y los ingresos de ambos restaurantes comienzan a diferir.

El propietario del primer restaurante se dedica sólo a mantener la esperanza de un repunte. Así que lo primero que hace es intentar ahorrar dinero disminuyendo la calidad de sus ingredientes.

Seguramente puedes adivinar que en esa situación, con pocos clientes llegando a su negocio, esa decisión realmente no ayuda. Si tu comida de repente es de menor calidad, probablemente no obtendrás más clientes.

Ese restaurante étnico en particular duró un par de meses más hasta que cerró sus puertas. Curiosamente un nuevo restaurante abrió en el mismo lugar y está sobreviviendo. Ellos eligieron un modelo de negocio diferente: la comida rápida y la entrega a domicilio.

Pero el caso más interesante es el segundo restaurante étnico. También vieron una caída en sus ingresos porque menos clientes visitaban el lugar. Hasta el día de hoy no han recuperado la misma base de clientes para su restaurante ni tampoco los ingresos de esa fuente.

Pero superaron la recesión y siguen de pie. ¿Cuál será la diferencia que les permitió sobresalir? ¿Has oído la expresión "cuando la vida te tira limones, hazte una limonada"?

Bueno, lo que hicieron ellos fue justamente eso: limonada. Cuando su principal fuente de ingresos comenzó a acabarse, no sólo no se rindieron, sino que se sentaron y analizaron por qué su negocio se estaba desmoronando. Llegaron a la conclusión de que efectivamente, había una recesión general, pero la gente todavía tenía que comer.

Su investigación reveló que la gente estaba comprando el mismo tipo de platos que ellos solían servir. La única diferencia era el precio y la disponibilidad en los supermercados. La gente estaba comprando equivalentes de menor costo y calidad inferior a lo que solían ordenar cuando se sentaban a la mesa de su restaurante.

Ellos descubrieron que la demanda para su producto todavía estaba allí pero de manera diferente. Adáptate y sobrevivirás, ese sí que es un buen lema.

A continuación se pusieron a investigar cómo podían producir sus platos a un costo equivalente a esas comidas para calentar en microondas que se venden en los supermercados.

Ese fue el primer paso. Luego hicieron una agresiva campaña de ventas a tiendas locales y almacenes. Les ofrecían el producto con un gran argumento de venta, uno de los cuales era que esas pequeñas tiendas ahora podrían competir con los grandes supermercados.

El otro argumento era que ahora también podían ofrecer comidas hechas por un conocido y respetado restaurante en la ciudad. Ese fue el segundo paso.

Como concepto de marketing era genial. Los clientes que ya no podían permitirse el lujo de comer en el restaurante ahora podrían permitirse comer "del" restaurante. Los clientes no dejaron de ir a comer allí porque no les gustaba la comida, sino que simplemente no iban para ahorrar dinero.

El segundo restaurante apalancó no solo su nombre y reputación existente, sino también el nuevo comportamiento del consumidor y la posición más débil de las pequeñas las tiendas y almacenes.

El resultado final es que las ganancias ahora están remontando nuevamente. Ellos siguen funcionando como restaurante, pero la gran mayoría de sus ingresos ya no provienen de lo que fue su negocio principal. La necesidad comercial los obligó a encontrar una manera de sobrevivir, pero hicieron más que sobrevivir: prosperaron.

El primer restaurante no buscó soluciones alternativas. Sólo buscaban una forma de ahorrar costes reduciendo la calidad de sus alimentos. Y no funcionó, ya que tuvieron que cerrar al poco tiempo.

Algunos de los dichos comunes que escuchas regularmente tienen una base sólida en el sentido común, como ese de los limones y la limonada, suena como algo bonito e inteligente que decir.

Pero la realidad detrás de eso es que tienes que trabajar con lo que tienes y tienes que aprovecharlo al máximo. Puede que nunca sea lo ideal, pero simplemente desearlo no sirve. Cuando las cosas no van tan bien como quisieras, no las empeores permaneciendo parado sin hacer nada.

Levántate, sigue adelante, sigue investigando y encuentra la diferencia que haga toda la diferencia.

Eso es lo que hicieron (y hacen constantemente) las grandes compañías. Mencionaré solo un ejemplo de una compañía que tuvo que replantearse su negocio.

Sony produjo Betamax, el cual era un formato de cinta de video. Técnicamente superior al VHS, falleció de una muerte lenta y no fue muy aceptado por el público. Aun así ellos ganaron dinero vendiendo equipamiento y consumibles relacionados con esa tecnología. Después murió del todo y tuvieron que ocuparse de otras cosas. Fue para ese tiempo que sacaron el Walkman, lo que fue un éxito categórico.

Sony es una empresa de gran éxito, sin embargo han tenido productos que simplemente no se vendían bien. El video Betamax fue uno, y los Sony Memory Sticks fue otro.

Sony es una de tantas empresas que debe hacerle frente a los cambios. Recuerda: el cambio es inevitable.

¿Sabes cuánto ganan cada año los estudios de cine? ¡Grandes números! Pero hubo un tiempo en que todos predijeron que esa industria iba a morir. De hecho los estudios de cine originales (los que no se adaptaron) se extinguieron.

Estoy hablando de los estudios de cine mudo. Cuando se inventó la grabación de sonido se vio como una nueva moda que no duraría. Lo que pasó fue que sí duró, y los que comprendieron y se adaptaron lograron el éxito.

Aquellos que intentaron aferrarse a lo que ya era el pasado les ocurrió lo que a los dinosaurios: se extinguieron.

Cuando las cifras de audiencia del cine cayeron hace no mucho años, todo el mundo pensaba que los estudios de cine verían una disminución en sus ingresos. Creo que por un tiempo eso fue exactamente lo que pasó. Entonces las mentes creativas se pusieron a trabajar para encontrar maneras de revertir esas pérdidas.

Aceptando lo que es relativamente nuevo, los estudios cinematográficos ahora lanzan las películas importantes en formato DVD más rápidamente después de su estreno en los cines a nivel mundial. Incluso ahora también aparecen en los servicios de streaming bastante rápido. Algunas personas ven películas enteras en sus teléfonos y tabletas. Esto simplemente no era posible hace unos años atrás.

Si todavía no te has dado cuenta, déjame decirte algo: cada vez que una oportunidad agoniza y llega a su fin, nuevas están surgiendo por todas partes. A veces se puede aprovechar esa oportunidad que está agonizando, mezclarla con un poco de nuevas estrategias y de pronto tienes una táctica ganadora.

Esa es una de las razones por las que siempre estoy investigando nuevas estrategias y haciendo tests para probar si las tareas en las cuales invierto mi tiempo todavía están trayendo resultados provechosos para mi negocio. Sé que nada permanece como está para siempre. Lo que funciona hoy bien puede no funcionar mañana.

He tenido que adaptarme varias veces desde que empecé con el marketing por Internet, y estoy muy contento de haberlo hecho, porque he podido ver un crecimiento regular y continuo en mis ingresos, año tras año.

El cambio está llegando, ya seas que estés listo para él o no, y aquellos que se adaptan al cambio son aquellos que tienen más probabilidades de tener éxito y tenerlo por un período prolongado en el tiempo.

Este libro ha sido escrito para que estés al tanto de las técnicas y estrategias que están siendo usadas hoy en día. Son estrategias probadas que he aplicado a mis negocios y que han hecho una gran diferencia en cuanto a los ingresos recibidos.

La ventaja que tienes de tener este libro en tus manos es que aprenderás muchísimas estrategias que te ayudarán a implementar el cambio en tu negocio. Algunas de las tácticas son negocios en sí mismos, y otros contienen herramientas que puedes añadir a tu negocio actual.

Leerás casos de estudio y testimonios de gente real utilizando estas estrategias. Personalmente me gusta mucho leer y escuchar de gente que está haciendo una diferencia en sus ingresos utilizando técnicas poco conocidas o con algún giro original. A medida que lees conocerás varios casos.

Para estar en la vanguardia siempre hay que esforzarse un poco más, y con este libro lo único que tienes que hacer es leerlo y remarcar lo que consideras apropiado para tu negocio. Te animo a que sigas buscando nuevas oportunidades.

El cambio está llegando, pero también hay nuevas oportunidades cada día, y esas oportunidades te están esperando a ti.

*****

Prólogo

Este libro es una continuación del que escribí anteriormente, llamado "El Secreto de los Nuevos Ricos: Descubre cómo piensan las mentes millonarias del nuevo siglo".

Repasando brevemente, allí expuse las actividades de los nuevos ricos, como así también descubrimos que ellos no juegan con nuestras reglas pues tienen una mentalidad diferente. Vimos también distintas estrategias para ganar dinero (Lineal vs. Exponencial) y la diferencia entre invertir y comercializar.

Abordé el tema de la tercerización y la producción con segmentos para ayudarte a descubrir dónde encontrar talento, cómo abrir una cuenta de banco internacional sin costo y cómo crear sistemas rápidamente.

Además de muchos otros temas, como por ejemplo qué hacer en una crisis financiera, los secretos de la mujer más rica del mundo, cómo convertirse en rico y la anatomía del Negocio Perfecto, no fue sino hasta el capítulo diez donde compartí lo que denominé "Negocios para Nuevos Ricos".

Allí hice un breve repaso de algunos de los negocios que funcionan hasta el día de hoy y que pueden ayudarte a generar un ingreso residual pasivo.

Como lo mencioné antes, este libro es la continuación del anterior, pero en este destaco varios modelos de negocio que pueden ayudarte en tu profesión. Yo utilizo personalmente la mayoría de las estrategias recomendadas aquí.

Ahora bien, quiero comentarte algo que considero muy importante antes que continúes con la lectura, y es un tema muy importante que compartí en el libro que ya mencioné.

En el capítulo trece, "Cómo encontrar el negocio perfecto para ti", existe un apartado llamado: Pensamiento Oportunista vs. Pensamiento Estratégico, donde destaco lo siguiente:

"Hay dos maneras de pensar diametralmente opuestas a la hora de escoger un negocio para emprender. Están los buscadores de oportunidades por un lado y los emprendedores que piensan estratégicamente en el otro.

El buscador de oportunidades está siempre buscando la gran oportunidad que le hará ganar muchísimo dinero en poco tiempo. Está pensando "¿puedo ganar dinero con esto?", así que un día será una oferta que no puede resistir, y mañana comprará otro producto que piensa es mejor.

La pregunta que todo el tiempo se hacen este tipo de personas es la siguiente: "¿Cuál es la manera más fácil de hacer dinero ahora mismo?"

Un verdadero emprendedor, por otro lado, tiene una visión clara de qué es lo que desea para su negocio. Analiza sus propias fortalezas, las de su competidor, las preferencias del mercado, y luego diseña un plan de acción para alcanzar los objetivos propuestos. El emprendedor sabe que la gran oportunidad está dentro de su negocio, y no lo que se anuncia como la gran oportunidad para ganar dinero fácilmente y más rápido allá afuera.

La pregunta que se hacen los emprendedores es la siguiente: "¿Cuáles son las mejores oportunidades para lograr mi visión?"

El simplemente saltar de oportunidad en oportunidad sin rumbo fijo claramente indica que no tienes una estrategia definida de antemano, y como no tienes una clara visión de lo que quieres lograr no puedes seguir un plan de acción detallado para lograrlo.

El oportunista siempre estará intentando encontrar esa técnica o secreto escondido que le falta para lograr lo que desea. El emprendedor, en cambio, sabe que no logrará nada al intentar agregar más tareas y actividades a su lista de cosas para hacer.

La diferencia entre aquel que constantemente busca oportunidades y el emprendedor estratégico es que al estar continuamente intentado encontrar nuevas oportunidades o nuevos nichos de mercado, estás derrochando energía que puedes usar más eficientemente. Necesitas primero descubrir en qué juego puedes sobresalir y luego jugar para ganar. Mira primero en tu interior, y luego mira a tu alrededor."

Este libro está pensado no para los oportunistas, sino para aquellos emprendedores que podrán extraer algunas técnicas y estrategias para aplicarlas al negocio que ya tienen. Si no tienes un negocio actualmente, no te preocupes, porque muchas de las oportunidades que leerás a continuación son negocios en sí mismos.

Si bien intento detallar lo más que puedo de qué se trata la oportunidad, compartiendo las técnicas y estrategias que están usando otras personas, ahondar en cada una de ellas me resultaría imposible para un solo libro.

Aquí no pretendo dedicarme exclusivamente a cada uno de los detalles y variables de cada oportunidad, sino mostrártelo para que sepas lo que está pasando allí afuera y puedas tomar una decisión.

Al final de cada oportunidad presentada te dejaré un link con el cual, si es de tu interés, podrás saber más y obtener más detalles. Debo hacer una aclaración: la mayoría de estas oportunidades son presentadas en su idioma original, el inglés. Será una gran ventaja si ya sabes este idioma, y si no lo sabes te animo a que lo aprendas, pues en el marketing online los que saben este idioma están a la vanguardia, ya que la mayoría de las estrategias actuales se publican en ese idioma.

En el primer capítulo te voy a revelar un sistema secreto utilizado tanto por grandes compañías como por vendedores desconocidos con el cual generan millones de dólares cada día usando anuncios súper simples y sitios web sencillos sin tener que vender productos.

Este sistema sólo se ha enseñado en unos cuantos cursos por los cuales los asistentes han llegado a pagar entre $1,000 y $3,000.

Luego descubrirás cómo ganar más para dar y vivir más. Te ayudaré a descubrir la mejor versión de ti mismo para que no tengas que copiar todo lo que hay por allí afuera. En lugar de eso serás capaz de personalizar las cosas que ya existen e incluso hacer tuyos aquellos nuevos programas que están en total alineación con lo que eres.

A lo largo de tu caminar en el mundo del internet marketing, de seguro te encontrarás con una idea, un concepto o un modelo de negocio que te parece tan factible, tan correcto, y con tantos puntos fuertes que simplemente dices: "¡Esto es!"

¿Has terminado comprando un producto que no necesitabas o que nunca funcionó como lo esperabas? En el segundo capítulo vas a aprender a poner fin a ese tipo de mentalidad. Estarás tan familiarizado con lo que eres y dónde quieres ir que cuando mires nuevos productos lanzados al mercado serás capaz de detectar cuáles son para ti de los que realmente no lo son.

A partir del tercer capítulo descubrirás cómo puedes utilizar sitios muy conocidos para tu propio beneficio, como por ejemplo Shopify, una plataforma creada especialmente para el comercio electrónico, utilizada por miles de vendedores alrededor del mundo con gran éxito.

En el cuarto capítulo encontrarás una guía para vender productos físicos utilizando uno de los tantos servicios de Amazon.

Con este sistema el vendedor envía todo su inventario a Amazon y esta compañía coloca ese inventario en uno o más de sus almacenes para que luego los artículos estén disponibles para su venta en el sitio de comercio electrónico de Amazon: Amazon.com.

Existen dos modelos de negocio diferentes para vender productos físicos en Amazon y te contaré cuáles son, sus pro y sus contra, y cómo empezar este negocio.

En el capítulo cinco aprenderás cómo hacer marketing gratis usando la popular red social Instagram, que no para de crecer.

A continuación descubrirás cómo acceder a una base de datos de compradores de 300 millones de personas y generar clientes potenciales en piloto automático.

A lo largo de este capítulo vas a aprender algunas verdades sobre el tráfico web y por qué la mayoría de la gente está gastando más de lo que están ganando cuando se trata de este tema. En esta sección vas a descubrir cómo puedes generar posibles clientes gratis, dirigiéndolos a tu oferta sin gastos de publicidad. También descubrirás cómo puedes encontrar prospectos en piloto automático y contactar con ellos sin que ello te quite algo de tu valioso tiempo.

En el penúltimo capítulo descubrirás cómo obtener miles de visitas con Pinterest. Esta red social puede enviarte miles de visitas a tu página web, su tráfico es de alta calidad y es más fácil de conseguir que cualquier otra fuente orgánica (no pagada) que he usado.

Finalmente conocerás de una oportunidad de negocio de la cual me enteré hace muy poco, un negocio del primer mundo con posibilidad de escalarlo a nivel global, de este tipo de ocasiones que buscan las mentes millonarias de este nuevo tiempo.

Espero que esto que voy a compartir realmente pueda ayudarte a fortalecer tu negocio, si ya tienes uno, y si todavía no es tu caso, que pueda animarte a comenzar hoy a desarrollar un camino hacia tu libertad financiera adoptando alguno de estos métodos y tácticas aquí expuestas.

*****

1
El Nuevo Arbitraje

Uno de mis primeros "golazos" online fue un pequeño pero productivo arbitraje que hice con Google Adwords y Google Adsense. (En caso de que no lo sepas, Adwords es la plataforma de publicidad de Google y Adsense es su programa de anuncios publicitarios).

En ese tiempo esto es lo que hacía:

1) Armaba una página web (súper simple pero muy centrada) con un artículo sobre el tema elegido

2) Ponía mi código de AdSense en la parte superior, media e inferior del artículo

3) Anunciaba en AdWords poniendo las palabras clave asociadas con el tema de mi sitio web con un enlace a mi artículo

Si generaba más ingresos de Adsense que lo que gastaba en anuncios de Adwords aumentaba mi presupuesto y agregaba palabras clave más específicas.

Entonces simplemente me deshacía de las palabras clave que no generaban ingresos y trabajaba hasta encontrar aquellas que resultaran en más beneficios.

Sólo alrededor de 1 de cada 20 funcionaba, pero yo sabía en tan sólo un día si tenía una buena palabra clave o no. Aquellas que no convertían sólo me costaban alrededor de $5 dólares probarlas.

Llegó un momento que estaba ganando 5 cifras al mes con este tipo de arbitraje. En algunas páginas las ganancias duraron meses y hasta años (la mejor de todas duró más de 2 años).

Pero todo se vino abajo cuando Google comenzó a pagar cada vez menos por los clics de AdSense, y lentamente mis nichos de mercado comenzaron a pagar cada día menos, volviéndose menos rentables para continuar con este sistema, hasta que cerré la última página web alrededor del año 2010.

Fue algo muy divertido (y lucrativo) mientras duró. La cosa es que dos personas han descubierto otro arbitraje muy similar que está funcionando ahora mismo, y si te das prisa puedes estar en esta nueva ola de arbitraje.

A continuación te voy a revelar un sistema secreto utilizado tanto por grandes compañías como por vendedores desconocidos con el cual generan millones de dólares cada día usando anuncios súper simples y sitios web sencillos sin tener que vender productos.

Este sistema sólo se ha enseñado en unos cuantos cursos por los cuales los asistentes han llegado a pagar entre $1,000 y $3,000.

¿Te gustaría beneficiarte de todos esos pequeños anuncios que ves por todo el Internet? ¡Ahora puedes hacerlo!

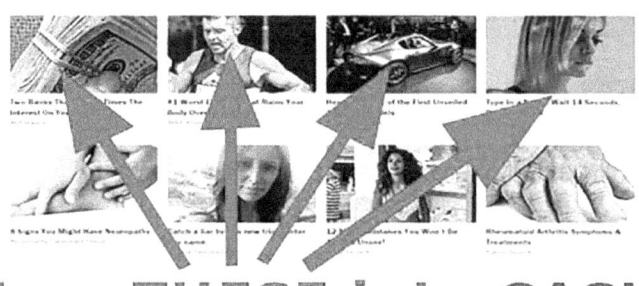

Supongo que has visto algunos de estos anuncios dando vueltas por ahí.

Sí, como esos que se muestran en la captura de pantalla arriba. Tienen imágenes pequeñas y los títulos dicen cosas raras o muy locas, y son como artículos de noticias.

Si te fijas más detenidamente, es posible que hayas notado que dice "enlaces patrocinados" en letras pequeñas. Pero los estudios han demostrado que la mayoría de las personas ni siquiera lo nota.

La otra cosa que a estas alturas de seguro te has dado cuenta que estos anuncios están por todas partes.

Algo así me sucedió allá por el año 2003, cuando veía un bloque de anuncios por todas partes, fue así que con un poco de investigación descubrí el sistema Adsense de Google, y a partir de allí cambió la manera en que hacía negocios.

Pero volvamos a la actualidad, ¿cuáles son esos anuncios y por qué están en todas partes? Veámoslo en detalle brevemente:

Esos anuncios son más conocidos como Publicidad Nativa (Native Ads). Se les llama así porque están creados para mezclarse con el contenido natural del sitio web en el que se encuentran.

Están en todas partes porque funcionan, y lo que quiero decir es que la gente hace clic sobre ellos masivamente, y millones de millones de dólares se generan a partir de esos anuncios cada día.

No hace mucho un cliente del creador de este sistema lo contrató para evaluar un negocio de arbitraje que estaba considerando comprar por $300,000 dólares.

En lugar de comprarlo simplemente replicaron el modelo de negocio por casi nada y pasaron de 10,000 dólares de ganancia neta en el primer mes a 28.000 dólares de utilidad en el cuarto mes.

Aquí algunas de las ganancias que generaron con este sistema:

Así nació el "Sistema ArbiCash". Todo se hizo con publicidad nativa.

Los anuncios nativos son una de las mayores áreas de crecimiento a la hora de conseguir tráfico en Internet hoy en día. La mayoría de los grandes editores utilizan anuncios nativos para monetizar sus contenidos. Y estoy hablando literalmente de miles de grandes editores como Yahoo y CNN.

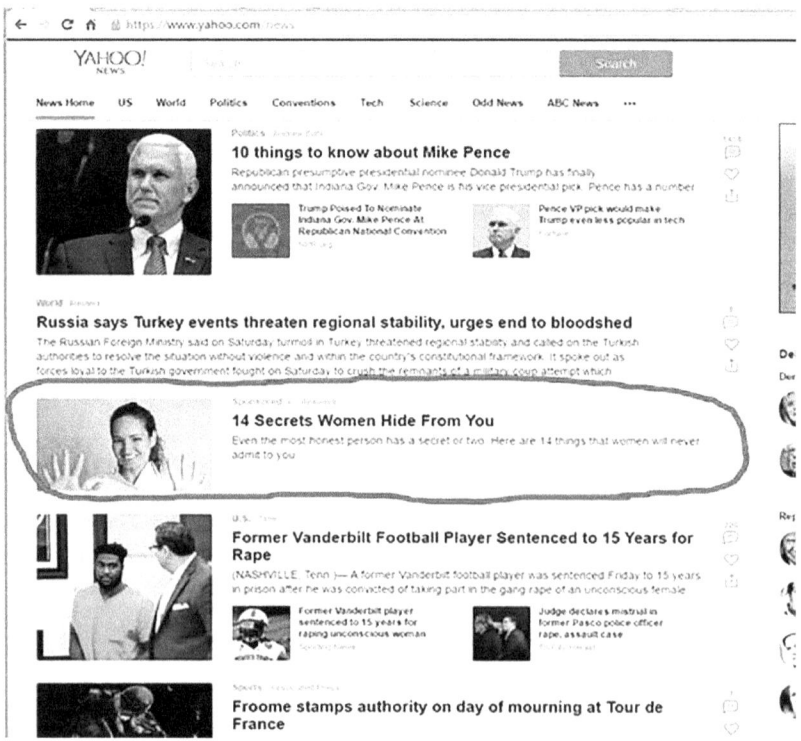

En la captura de pantalla de arriba puedes ver cómo lucen los anuncios en Yahoo!, y a continuación en CNN:

Lo asombroso sobre los anuncios nativos es que puedes tener tu propio anuncio listado y recomendado en un sitio grande como CNN en cuestión de días.

Si has hecho clic en algunos anuncios nativos en el pasado es posible que hayas notado algo extraño: ¡la mayoría de esos pequeños anuncios te llevan a páginas llenas de anuncios y con muy poco contenido!

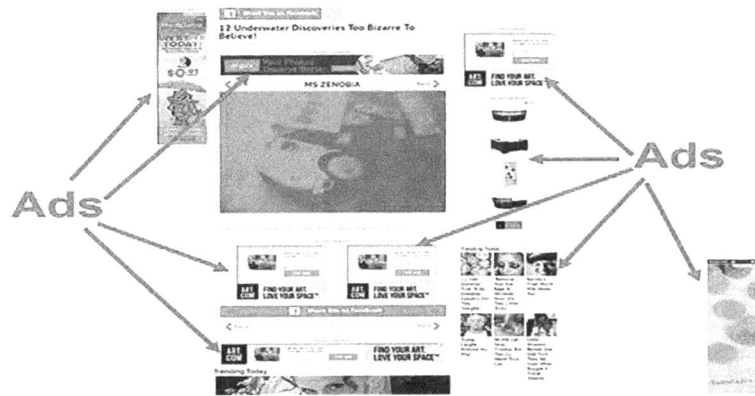

Eso plantea una pregunta importante: ¿Por qué estos anunciantes están haciendo todo ese esfuerzo de captar tráfico de todos estos sitios importantes sólo para enviarlo a un sitio lleno de más anuncios?

La respuesta es ArbiCash. Para ser más específico, se llama arbitraje digital. Arbitraje es un principio de negocio probado en el tiempo y utilizado en muchas y diversas industrias para aprovechar las diferencias en los precios.

En este caso, se trata de aprovechar la diferencia en los precios de los anuncios. Los arbitradores de publicidad nativa están adquiriendo un tráfico increíblemente barato y monetizando ese tráfico con anuncios que pagan más de lo que gastan para conseguir ese tráfico.

¿Cuánto dinero están ganando? Lo bueno de este modelo de negocio es que es completamente escalable, porque el tráfico es casi ilimitado.

Échale un vistazo a algunas de las compañías que utilizan anuncios nativos. Imagina tener tus propios anuncios publicados y recomendados en sitios web como estos:

Sitios como estos (y miles más) están fuertemente involucrados con el sistema de anuncios nativos, por lo que este es un recurso increíble que puedes aprovechar para generar tráfico a demanda a precios muy baratos en comparación con el tráfico pagado que puedes haber visto en el pasado.

Una vez que hayas descubierto los secretos del sistema ArbiCash tendrás una cantidad prácticamente infinita de tráfico a tu alcance. Uno de los grandes beneficios acerca de esta oportunidad es que puedes comenzar pequeño y luego ampliarte.

Otra gran cosa sobre este modelo de negocio es que los sitios web son fáciles de crear. Has visto lo simple que son esos sitios (sólo un poco de contenido con algunos anuncios a su alrededor). Tú mismo puedes hacerlo:

- Sin productos
- Sin carritos de compras
- Sin SEO (Optimización para buscadores)
- Sin software de membresía.
- Sólo con contenido y anuncios sencillos

Los anuncios nativos también son más sencillos que los anuncios de AdWords o de Facebook que quizás hayas intentado en el pasado. La razón principal es que la orientación es mucho menos compleja y no tienes que hacer un montón de investigación con palabras clave.

Entonces, ¿cómo puedes participar de este sistema y empezar a cobrar con esta gran oportunidad?

OPCIÓN 1: La opción 1 sería simplemente "adivinar" cómo hacerlo e intentarlo por ensayo y error sin que nadie te enseñe cómo funciona el sistema. No recomendaría esa opción ya que podrías acabar perdiendo un montón de tiempo y dinero.

OPCION 2: Otra manera sería comprar uno de los programas de formación existentes por ahí que cuestan entre $1,000 y $ 3,000 dólares. Puedes pagar esa cantidad si realmente quieres un método de información privilegiada.

OPCIÓN 3: La tercera opción es aprovechar el sistema ArbiCash. En lugar de tener que pagar hasta $3,000 para aprender este sistema, podrás conseguirlo por un precio especial hoy mismo por haber conseguido este libro.

Patric Chan, autor de best-sellers, dijo sobre este sistema: "Estoy realmente muy "molesto" que hayan revelado este pequeño secreto al público en general, porque han expuesto "mi" fuente de tráfico.

En realidad lo he estado utilizando y es muy potente, porque mis anuncios aparecen en Yahoo, MSN, etc. ¿No tienes tus propios productos? No hay problema, porque con el tráfico que recibes desde sitios de autoridad ni siquiera necesitas tener tus propios productos para empezar a ganar dinero online".

El componente principal del sistema ArbiCash es un ebook que está en formato PDF, por lo que puedes leerlo en cualquier computadora o dispositivo. Incluso puedes imprimirlo si lo prefieres.

Lo más importante es que contiene 62 páginas llenas de contenido paso a paso que te muestra exactamente cómo utilizar el sistema y empezar a cobrar con el arbitraje de publicidad nativa.

Algunas de las cosas que descubrirás son las siguientes:

- Los fundamentos de la publicidad nativa.
- Cómo configurar un simple sitio web que cualquiera puede crear.
- Cómo conseguir vistas masivas a tu página con un solo anuncio.
- Cómo y dónde colocar los anuncios para generar más ingresos.
- Qué diseños y complementos se necesitan para un sitio de ArbiCash y dónde encontrarlos.
- Dónde encontrar ideas de contenido basadas en datos de rendimiento real.
- Cómo crear galerías como se ve en muchos sitios, y dónde obtener el contenido para ellas.
- Cómo obtener el máximo clic en tus anuncios.
- Los ajustes que necesitas tener en cuenta para crear una campaña rentable.
- Los mejores dispositivos y áreas geográficas a los que apuntar.
- Cómo crear 10 variaciones de anuncios diferentes en 10 minutos.
- Cómo ver exactamente dónde se muestran tus anuncios.
- 3 maneras de ampliar tu negocio de arbitraje.
- Los mayores riesgos y cómo evitarlos.
- 8 formas de optimizar la rentabilidad.
- Cómo realizar un seguimiento de tus beneficios y del rendimiento de tu campaña.

Si deseas conocer más de este sistema, ver más casos de estudio y testimonios, ir a: http://geni.us/arbitraje

*****

2

Gana más. Da más. Vive más.

Arriba en la foto puedes ver a Paul Evans y Paul Counts, que recientemente visitaron ClickBank para hablar con sus ejecutivos con el propósito de encontrar respuestas a varios de los temas que veremos a continuación. Ellos se ocupan de ayudar a empresarios y gente relacionada con la venta online a romper el ciclo de frustración, conquistar el "Síndrome del Copycat" y a crear un negocio rentable en 28 días.

A lo largo de este capítulo aprenderás:

- Un simple "ajuste" que puede impulsar las ventas en más de 4,174%
- Las tres razones principales por las que el 98% de los empresarios online fallan (y cómo puedes invertirlo).
- El sistema 3R que te ayudará a estar hiper-enfocado para que nunca persigas el sueño equivocado de nuevo.

A nadie le gusta ser engañado

Cuando se trata de la industria de los negocios online, ha habido un montón de gente que ha sido engañada y un montón de otros que andan por ahí aprovechándose de los demás. Por ejemplo, muchos de estos "sistemas" realmente no funcionan de la forma en que se anuncian. Hay tres problemas principales, y el primero es la idea del "Copycat". Muchas veces los vendedores sugieren que si tú sigues el sistema de ellos al pie de la letra automáticamente funcionará para ti.

Hay muchas razones por las que esto normalmente no funciona. Una de las razones principales es que cada persona es única. Lo que estás haciendo cuando consigues uno de estos sistemas es que estás copiando un método que funcionó para ellos, pero eso no significa que necesariamente vaya a funcionar para ti. Puedes utilizar su sistema como un modelo para guiarte, pero si intentas copiarlo exactamente tal cual no vas a obtener los mismos resultados. Necesitas cerciorarte de que estás poniendo tu propio giro personal en cada sistema que intentas poner en marcha.

En este capítulo te voy a ayudar a descubrir la mejor versión de ti mismo para que no tengas que copiar todo lo que hay por allí afuera. En lugar de eso serás capaz de personalizar las cosas que ya existen e incluso hacer tuyos aquellos nuevos programas que están en total alineación con lo que eres. De esta manera no te quedarás atrapado intentando copiar los sistemas de otras personas.

En segundo lugar las personas a menudo tienen problemas con BSOS (Bright Shiny Object Syndrome), el síndrome de los objetos brillantes. Probablemente todo el mundo es víctima de esto de vez en cuando. A lo largo de tu caminar en el mundo del internet marketing, de seguro te encontrarás con una idea, un concepto o un modelo de negocio que te parece tan factible, tan correcto, y con tantos puntos fuertes que simplemente dices: "¡Esto es!"

¿No te ha pasado que perseguiste un objeto brillante de esa manera? ¿Has terminado comprando un producto que no necesitabas o que nunca funcionó como lo esperabas? Hoy vas a aprender a poner fin a ese tipo de mentalidad. Estarás tan familiarizado con lo que eres y dónde quieres ir que cuando mires nuevos productos lanzados al mercado serás capaz de detectar cuáles son para ti de los que realmente no lo son.

Una gran cantidad de vendedores realmente están en bancarrota, sin embargo están tratando de convencerte para que compres esos productos relacionados a la venta online. En muchos casos, el único nicho de mercado en el que han enseñado o del cual han formado parte es el de "negocios online" o "cómo hacer dinero". No es que esté mal, pero sí hace una diferencia si las personas de las cuales estás tratando de aprender han sido capaces de lograr una cierta cantidad de éxito por ellos mismos, y si han sido capaces de hacerlo de una manera razonable y legítima.

Las estrategias que te mostraré en este capítulo tienen que ver con nichos en los cuales Paul Counts y Paul Evans han estado trabajando, y no solo tienen que ver con ganar dinero online, ya que ellos tienen amplia experiencia en diversos nichos de mercado. Paul Evans, por ejemplo, ha estado administrando negocios tanto online como offline desde hace más de 30 años. Es propietario de 8 negocios físicos. Abrió su primer negocio a la temprana edad de 20 años. Era un gimnasio, y en ese momento él era fisicoculturista y levantador de pesas. Él admite que ya no tiene el tipo de cuerpo que tenía antes y que ya no está tan en forma, pero en ese entonces poseía un gimnasio.

A lo largo de su carrera Paul ha ayudado a más de 75.000 personas a crear y levantar su negocio ideal. Él es autor de un libro llamado "El éxito no es un accidente" (Success is NOT an Accident!), y tiene diversos sitios web, incluyendo uno dedicado al ministerio de la juventud y un sitio de e-commerce online. Él es un orador que también ayuda a otros oradores a aplicar su propia propiedad intelectual a sus discursos, y es un escritor contribuyente para Entrepreneur.com.

Por otra parte, Paul Counts ha estado involucrado en diversos negocios desde hace 16 años. Comenzó a la edad de 15, y pronto se irá a Vietnam para montar un taller. En una época tuvo su propio programa de radio, el cual se emitía en tres estados: Oklahoma, Texas y Kansas. Durante algún tiempo practicó como consultor de ventas de sitios web: vendía negocios basados en sitios web. Vendió uno por $780,000 dólares en 23 días, y él hizo esto a la edad de 23. Él también produjo una película, la cual puedes ver en la captura de pantalla debajo. Obviamente, esto requería un nuevo conjunto de habilidades.

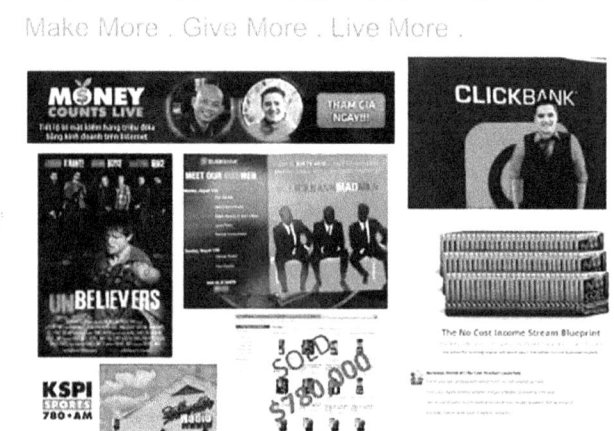

Paul dice que ha hecho mucho dinero con ClickBank. Ha estado en sus oficinas, así como también en eventos de platino. El producto más popular que tiene en esa plataforma se llama "El modelo de flujo de ingresos sin costo" (The No Cost Income Stream Blueprint). Él dice que este producto ha ayudado a miles de personas a aprender cómo empezar con cinco modelos de negocio diferentes que pueden comenzar a implementar de forma gratuita.

El punto es que estos hombres han establecido negocios reales que realmente han hecho dinero y les han generado ingresos a otras personas a lo largo de estos últimos años. Están completamente dedicados a ser empresarios exitosos y ayudar a otros a hacer lo mismo.

Ahora bien, si habláramos de tu negocio en este momento, ¿cómo calificarías su salud? Tal vez esté:

- Enfermo
- Batallando
- Estable
- Avanzando

Esta encuesta se les hizo a diversas personas durante la presentación en vivo de este material y en ese momento la mayoría de ellas manifestaron que estaban batallando. De hecho el 71% de la gente dijo que ése era el estado de su negocio, y el 29% eligió "enfermo" como respuesta. Nadie en la audiencia declaró que calificaría su negocio como estable o avanzando. Estos números son bastante típicos. Por lo tanto, si sientes que la salud de tu negocio no es muy buena, definitivamente no estás solo.

Hay un patrón que Counts y Evans ven que se repite con el tiempo, año tras año. La gente simplemente no está teniendo el éxito que realmente han soñado tener, por lo que uno de los principales enfoques de este capítulo va a ser sobre lo que realmente significa tener éxito, lo que te va a costar, y hacia dónde debes dirigirte desde allí.

La ilustración de arriba es una de las favoritas de Counts y Evans. Puedes ver que el hombre en la parte superior de la imagen está muy enfocado trabajando con fervor. Va con seguridad y entusiasmo por esos diamantes. La persona en la parte inferior, sin embargo, puede que haya tenido ese entusiasmo en algún momento, pero ahora está en ese lugar donde siente que ya ha estado batallando por bastante tiempo, se siente frustrado, y se da por vencido demasiado pronto. Esta ilustración describe perfectamente la situación que mucha gente está experimentando con sus negocios el día de hoy. Hay muchos dueños de negocio que están casi en la cúspide del éxito, pero simplemente dejan de intentarlo.

Construir un negocio online exitoso definitivamente puede ser fastidioso y extremadamente difícil, pero si eres capaz de crear el negocio que sueñas las recompensas pueden ser increíbles. Counts y Evans siempre están hablando con gente que tiene metas y sueños en su cabeza pero que realmente no los han anotado en un papel. Para que esto te funcione es absolutamente esencial que sepas exactamente lo que deseas lograr, de lo contrario nunca llegarás a ningún lado. Tienes que tomarte un tiempo, sentarte con lápiz y papel y definir lo que quieres lograr y hacia dónde deseas ir. Sé que suena muy cliché y que ya lo has oído cientos de veces, pero puedo decirte de primera mano que así funciona.

Mira la captura de pantalla de arriba. Puedes ver que se ha agregado a esa lista la frase "Ganar más". Por lo general y cuando se trata de negocios, ésa es la meta. Queremos ganar más. Queremos tener números que validen nuestro trabajo y nuestro esfuerzo. La captura de pantalla de abajo muestra algunos de los números de Paul Count. Estas son algunas estadísticas de JV Zoo que representan los ingresos que ha sido capaz de generar este año. Él ganó entre $ 700.000 a $ 800.000 dólares en ventas sólo en la plataforma JV Zoo. Estos montos no cuentan ClickBank o cualquiera de las otras plataformas que está utilizando.

Este es el tipo de resultados que Counts y Evans desean que tú logres. Quieren ayudarte a llegar a un punto en el que tengas días en los cuales tus ganancias sean de $11,000 dólares o más en ingresos.

Veamos a continuación algunos de los negocios que generan fuentes de ingresos de gran alcance.

El sitio web del Ministerio de la Juventud de Evan es uno de los primeros negocios online que él comenzó. El sitio se llama "Zona del Ministerio de la Juventud", y tiene 2.771 miembros al momento de escribir esto, cada uno pagando $10 dólares al mes. No es difícil hacer la multiplicación para saber cuánto gana por mes. Este es un nicho que, de acuerdo con todos los gurús, no debería estar generando muchos ingresos.

Otro ejemplo de esto se muestra a continuación. Gina Parris se mueve en el ámbito del Béisbol/Softball, pero este sitio trata de los aspectos mentales de jugar esos juegos. Podemos decir que ella está en un segmento dentro de otro nicho de mercado aún más grande, y lo sorprendente de esto es que le va bastante bien.

Antes de entrar en este nicho, Gina se analizó a sí misma y también sus experiencias de vida. Echó un vistazo a su formación y su educación. Consideró a su hijo, que en realidad es un profesional de estos deportes y vio las luchas por las que él estaba pasando. Fue así que creó un producto alrededor de eso. Una cosa muy impresionante que hizo fue que le dio un giro único cuando comenzó a reclutar socios JV.

Case Study: Gina Parris

Unique Twist On Recruiting JVs!
Made more in one day than entire year of previous product!

En lugar de simplemente copiar exactamente lo que le enseñaron, tomó los principios que aprendió y los aplicó a su manera. Como resultado ella ganó más en un día con el producto que tenía actualmente que lo que hizo en un año con uno anterior. Es muy fácil involucrarse en un nicho de mercado en el cual otras personas dicen que funcionará, pero para ganar más dinero realmente tienes que tener una combinación de cuatro elementos diferentes. Esto es algo que veremos más adelante en este capítulo.

El primer objetivo que necesitas especificar es cuánto dinero realmente quieres ganar. Anota esto en tu cuaderno. Algunas personas quieren ganar $10,000 dólares al día y otros sólo quieren hacer $500 extra al mes. Cuando una persona dice que sólo quiere ganar $500 más al mes no hay nada de malo en eso. No significa que no tenga metas más grandes. Sólo significa que sabe que no necesita mucho para empezar a cambiar las cosas. Todo el mundo es diferente. Sin embargo es importante definir este primer punto, porque tu camino y los procesos de tu negocio serán determinados por ese número.

No se trata de que establezcas un negocio para que digas "Bueno, vamos a ver qué pasa". Con este primer paso estarás diseñando tu negocio específicamente en torno al resultado que deseas lograr. Aparte de aprender a ganar más, vas a aprender a dar más. Una de las cosas interesantes de ganar más dinero es que puedes hacer más con él. La captura de pantalla arriba muestra a Paul Evans en la India, en África y en México. Dice que ha sido bendecido al poder estar en nueve regiones diferentes alrededor del mundo y poder ayudar físicamente en la construcción de orfanatos.

Esta es su manera personal de dar más. La imagen en el medio de la captura de pantalla arriba es de Paul con Carrie Wilkerson. Ella ganó el premio a mejor vendedora del año. La foto fue tomada cuando se la llamó a la plataforma para que recibiera su premio de $10,000 dólares. Luego de recibirlo, ella de inmediato se lo dio a Paul para ayudarle a construir más orfanatos. Tu objetivo de "dar más" puede ser diferente.

Paul Counts llevó a su familia a Camboya porque tenía que dar un taller en ese país. Él ha sido capaz de trabajar con niños y facilitarles algunos cursos de formación gratuita. La captura de pantalla que aparece a continuación muestra algunas fotografías tomadas durante esa aventura, y podrás notar que también hay una carta de alguien que describe el impacto que fue capaz de lograr con su visita. Este es el tipo de historias que a Paul le encanta ver. Está muy feliz de poder estar en condiciones de ayudar a cambiar la vida de las personas que sufren necesidad.

La carta en cuestión es de una familia que Paul pudo ayudar financieramente. Les ayudó a conseguir una casa y encontrar trabajo. Esto cambió totalmente la vida de estas personas, y ocurrió simplemente porque él tenía el dinero para poder dar más. Esto es extremadamente poderoso, porque si puedes dar más a otros, entonces sentirás que tu vida tiene un propósito y experimentarás la realización.

Counts tiene un amigo llamado Jeff Hunt que inició un negocio en línea. Había estado probando algunos modelos de negocio diferentes, como el modelo de marketing de afiliados y el marketing multinivel. No pudo encontrar un modelo de negocio que realmente le encajara hasta que tropezó con el "website flipping" (definido como el arte de comprar, mejorar y vender sitios web). Intentó varias cosas diferentes, batalló por un tiempo, pero debido a que encontró una actividad en la que era muy bueno, ahora es capaz de vivir un estilo de vida muy cómodo. Jeff también está ayudando a la gente en países del tercer mundo, y también está sirviendo en el grupo juvenil de su iglesia. Jeff es feliz porque ha sido capaz de dar más, pero todo esto se debe a su capacidad para centrarse en un modelo de negocio que era congruente con las habilidades que tenía.

¿Cuál es tu objetivo cuando hablo de "dar más"? ¿Dónde crees que podrías hacer la mayor diferencia? ¿Qué impactos quieres lograr? Es importante que tomes un momento para también escribir sobre esto. Una de las razones por las que es tan importante definirlo es porque puedes llegar a un punto en tu negocio en el que desees renunciar. Teniendo este propósito a mano podrás recordarlo cuando venga ese tiempo, y lograrás acordarte de lo que realmente querías hacer.

Es posible que desees ayudar a jóvenes en riesgo, o puede que quieras brindar cobijo para aquellos con enfermedades graves. Este tipo de actividades van a darte la fuerza para seguir adelante y querer ganar más dinero. Tener metas que son más grandes que tú es una dinámica de gran alcance para un negocio, porque estas van a conducirte a seguir presionando para seguir adelante y no ceder.

Lo que quieres es ganar más para que puedas dar más, pero también debes querer vivir más. En pocas palabras, se necesita dinero para realmente salir y experimentar el mundo que está ahí fuera. La captura de pantalla muestra una foto de Evans con Michael Hyatt. Ahora es amigo suyo, pero necesitaba dinero para poder conocerlo. También hay una foto de Evans y sus muchachos en un partido de béisbol. Se necesitó dinero para volar a St. Louis, y también se necesitó dinero para comprar los boletos para ver a los Cardenales. Otra imagen muestra una foto tomada en una casa con una vista frente al mar que Evans pudo alquilar, y también se necesitó el dinero necesario para poder experimentar eso.

Evans ha sido capaz de viajar por todo el mundo, incluyendo Disneyworld, y le tomó grandes cantidades de dinero el poder lograrlo. Lo que tú quieres es ganar más para que puedas dar más, pero también debes querer disfrutar de algunas cosas. Paul Counts ha sido capaz de vivir más como resultado de los negocios que ha construido. Le encanta llevar a su familia a hacer cosas como visitar el zoológico o viajar a diferentes destinos. Él ha sido capaz de llevar a sus hijos a Camboya, y él y su esposa pudieron hacer un viaje a Hawai.

Paul Counts también ha llevado a los miembros de su familia a Disneyland, y hasta se atrevió a sorprender a sus niños al hacer los arreglos necesarios para que una limusina fuera a recogerlos. Estos son los tipos de recuerdos que él y su familia desean atesorar. Counts es un aficionado apasionado del fútbol universitario, y le encanta poder llevar a sus familiares a los juegos. También le encanta tener la libertad financiera para visitar a su familia que vive en diferentes partes del país. Esto es muy importante para él, y sin tener ese dinero extra nunca habría sido capaz de hacer todas estas cosas. El dinero no es algo malo. Te permite vivir más y dar más al mismo tiempo.

En la imagen de abajo puedes ver a una cliente/amiga de Paul Evans. En este momento ella está en Costa Rica, justo cuando varios volcanes están en erupción. Es sólo un ejemplo de los lugares que ha podido visitar y lo que ha podido experimentar. Dondequiera que viaja ella pasa un día o dos con uno de sus clientes, pero ha diseñado su negocio para que pueda ganar más, dar más y vivir más.

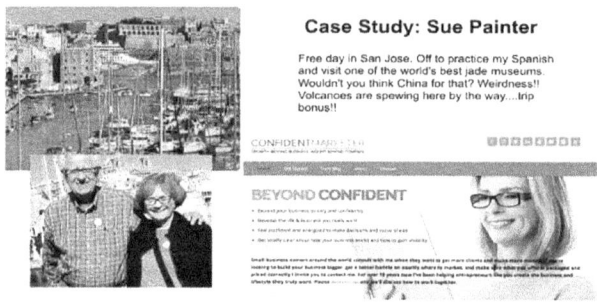

Si ganaras el dinero suficiente para poder vivir más, ¿qué harías con él? ¿Qué hay en tu lista de cosas para hacer? ¿Cuáles son algunas de esas cosas interesantes que realmente te gustaría descubrir? Puede que lo que quieras sea tan simple como no querer vivir por más tiempo bajo tensiones financieras. Tal vez te gustaría poder pasar más tiempo con tu familia los fines de semana y vivir sin tanta preocupación. Estos parecen lujos básicos que muchas personas simplemente no tienen, pero que no se necesita mucho para cambiarlo.

Me gustaría decírtelo una vez más: escribir estas cosas y definirlas es vital para construir un negocio duradero. Una vez que realmente tengas información específica y sepas exactamente lo que quieres hacer, vas a lograr más determinación, así como una imagen más clara de los caminos que necesitas tomar.

Mira la foto de abajo. En el lado derecho de la hoja los resultados que deseas alcanzar deben aparecer en la lista. En el lado izquierdo de la hoja puedes escribir sobre tu realidad actual.

¿Cuánto es lo que ganas ahora en comparación con lo que escribiste en la sección "ganar más" de la hoja? ¿Cuánto das ahora en comparación con lo que te gustaría dar? ¿Cómo vives ahora en comparación con cómo te gustaría vivir?

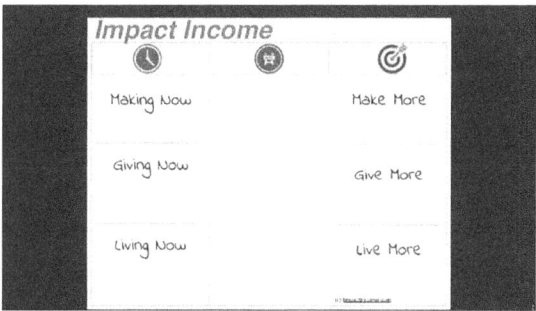

Este ejercicio te dará una imagen más clara de dónde te encuentras ahora en comparación con el lugar donde te gustaría estar. Esto te ayudará a superar la brecha entre los dos a medida que construyas tu negocio. Sin embargo la realidad de esto es que el negocio no es fácil y a veces tampoco es divertido.

Paul Counts comparte una historia sobre algo que le ocurrió en 2009: "Mi esposa estaba embarazada y me invitaron a ir a hablar a una conferencia sobre marketing y optimización para motores de búsqueda. La conferencia iba a ser en Atlanta. La razón por la que me invitaron fue porque tenía un montón de clientes en ese momento y estaba optimizando sus sitios web para que se posicionaran mejor en los buscadores.

En ese momento estaban bien posicionados en el ranking de palabras clave como "suministros para mascotas" y "self-directed IRA". Estaba trabajando para algunas organizaciones importantes. El problema era que no me pagaban consistentemente porque estaba duplicando un modelo que no tenía un flujo de efectivo sólido.

Yo estaba haciendo algunas cosas muy básicas de afiliados. Mi problema era que no estaba construyendo un activo, como una lista de correo electrónico. No estaba construyendo una base para mi negocio, y llegamos a un punto en el que no había mucho dinero en mi cuenta bancaria, porque algunos cheques emitidos por algunos clientes no llegaron como yo lo había anticipado. La cosa es que en el camino al evento nuestro vehículo se rompió. Era absolutamente desgarrador. Estaba a una hora de nuestra casa en el área de Lawton, Oklahoma.

Mi esposa tuvo que conducir durante más de una hora, y de nuevo, ella estaba embarazada de ocho meses. Tuvo que conducir por más de una hora para venir por nosotros y en el camino ella ni siquiera pudo darse el lujo de pagar el peaje en Oklahoma, porque cuando llegó allí se dio con que no tenía cómo pagar. La persona en la cabina de peaje se apiadó de ella y la dejó pasar. Finalmente llegó y volvimos juntos a casa, ella embarazada de ocho meses, mi niño de dos años y yo. Estábamos hambrientos, y pensé que teníamos dinero en la cuenta bancaria, pero no teníamos casi nada.

Sabía que teníamos suficiente como para al menos disfrutar de algo en Taco Bell. Recuerdo que el total del pedido era alrededor de $4 o $5 dólares, apenas algo pequeño para cada uno. Fuimos y probamos con una tarjeta, pero salió rechazada. Probamos otra tarjeta y también fue rechazada. Entonces me di cuenta de que había un impuesto que vencía ese mismo día y que tampoco podría pagar. En ese momento fui consciente de que estábamos completamente en bancarrota. No teníamos nada, y fue un gran punto de inflexión, porque mi esposa seguía con hambre y sólo teníamos una caja de cereales en el coche.

Mi esposa embarazada y mi hijo de dos años tuvieron que ir a sentarse en el coche y comer cereales. Verlos así fue tan desgarrador. Ese momento realmente me hizo dar un paso atrás y preguntarme "¿Qué está pasando con mi negocio?" Mientras mi esposa manejaba y a medida que volvíamos a casa tuve la oportunidad de reflexionar sobre el trabajo que estaba haciendo y cuestionarme "¿Qué puedo cambiar en mi negocio?"

Fue en ese momento que hice un gran cambio y dije: "Ya me cansé de hacer todo este trabajo para los demás. Desde ahora yo, Paul Counts, seré mi mejor cliente. Voy a ser el único en mi negocio y me voy a destacar. Voy a crear programas de entrenamiento que sean diferentes".

Desde ese día he generado negocios por valor de millones de dólares en ventas online. Tuve que pasar por ese obstáculo en mi vida para decir "ya basta, voy a terminar de hacer las cosas como las hacen la mayoría de las personas. Voy a hacerlo a mi manera". A partir de ese momento todo cambió".

La gente suele decir que las cosas recién cambian justo cuando estamos más "apretados", o como suelen decir por ahí, "cuando nos llega el agua al cuello". Evans no cree que eso sea cierto. Le gusta decir que "las situaciones dan un giro cuando estamos al final de nuestra esperanza". Él cree que era en este punto donde estaba Counts cuando empezó a cambiar su vida, y a veces eso es lo que se necesita para superar de una vez por todas los obstáculos que lo están manteniendo a uno de alcanzar el éxito que realmente desea. ¿Qué obstáculos dirías que te están impidiendo llegar a donde te gustaría estar? ¿Qué es lo que realmente te retiene? Las respuestas más comunes que dan las personas son:

- No saber qué vender o qué nicho de mercado elegir
- No hay un sistema simple a seguir
- Falta de confianza debido a fracasos anteriores
- Intentar hacer de todo y desenfocarse

Tómate un momento y anota lo que sientes que está estorbándote en tu camino. Durante algunas presentaciones ellos han hecho esta pregunta a los asistentes a través de una encuesta, y la mayoría de la gente dijo que uno de los obstáculos era que no tenían un sistema simple a seguir. Específicamente el 58% por ciento de la gente dijo que no sabía qué vender o qué nicho elegir, y la misma cantidad dijo que estaban haciendo de todo y muy desenfocados. También el 58% dijo que carecían de la confianza para tener éxito debido a las malas experiencias en el pasado y finalmente, el 83% dijo que era porque no tenían un sistema simple a seguir.

El hecho en cuestión es que incluso si tienes un sistema simple a seguir no funcionaría si no está creado para ti. Esto es algo que Evans y Counts creen de verdad. Ellos han estudiado por años las razones por las que la mayoría de las empresas online no prosperan, y han encontrado que las tres razones principales son:

1. Pasión – "Haz lo que amas y el dinero vendrá solo"
2. Beneficio – "El primer paso es elegir un nicho rentable"
3. Competencia – "Sólo conviértete en el experto en tu segmento y sé una autoridad"

Probablemente hayas escuchado esta declaración antes: "Haz lo que te gusta y el dinero vendrá solo". Evan dice que también escuchó comentarios de la gente, "Sí, eso es lo que dicen, pero todavía no he visto que me persigan los billetes". Sabemos que esta primera afirmación en sí misma no es necesariamente verdadera. El segundo dicho es uno que seguramente también debes haber oído antes. ¿El primer paso es realmente elegir un nicho rentable? Esto tampoco es 100% cierto.

Piensa en el sitio del Ministerio de la Juventud que te mostré anteriormente. Si Evans hubiera basado la decisión de lanzar este sitio únicamente en la investigación que decía qué sería rentable y qué no, entonces nunca habría avanzado con la idea. Si hubiera preguntado cuántas personas estaban publicando anuncios en sitios como éste, cuánto tiempo llevaban publicando esos anuncios y cuántos artículos hay sobre este tema, habría llegado a la conclusión de que el nicho del "ministerio juvenil" no es uno que le ayudaría a ganar dinero. Si Evans hubiera hecho caso de todo eso no estaría ganando los más de $25,000 dólares por mes que genera sólo por trabajar 30 minutos a la semana.

Habría sido lo mismo para el sitio de Gina Parris. Habría pensado que el lado motivacional del béisbol no tenía suficientes personas interesadas para ganar dinero, y le hubieran dicho que sólo se limitara al tema de la formación dentro de ese mercado. Ella pavimentó su propio camino y desarrolló un sitio que se ocupa de tener la mentalidad correcta. Esto es muy parecido a esos sitios donde la gente se entrena para tener una mentalidad de negocio, solo que en este caso es para los jugadores de béisbol y softbol.

Además de eso, si basaras esta decisión en si un nicho resulta ser rentable o no, entonces entrarías en un área donde ya hay mucha competencia. Por lo tanto no creo que ése sea el camino correcto para todos y cada uno de los casos. Lo mismo ocurre con la tercera afirmación: "Sólo conviértete en el experto en tu segmento y sé una autoridad". La suposición es que si simplemente te conviertes en un experto en un tema específico, el dinero comenzará a rodar hacia ti llenando tus arcas. Eso no es cierto. Hay un montón de expertos actualmente en bancarrota. Por otro lado, no necesariamente tienes que ser un sabelotodo en tu campo. Sólo tienes que tener experiencia.

Digamos que tú quieres perder peso y te enteras que uno de tus amigos recientemente perdió alrededor de 10 kilos. Creo que la próxima vez que lo veas no le vas a preguntar sobre su autoridad sobre el tema, sino que le vas a pedir que te cuente su secreto. Eso es lo que hace la experiencia. Tú no vas a preguntarle si es o no un experto o si tiene autoridad en la materia. Simplemente querrás obtener el mismo resultado que él, y eso es todo lo que quiere la gente. Si ellos ven que obtienes los resultados que ellos también desean, recién entonces querrán saber más sobre lo que tú sabes del tema.

Según Counts y Evans, la fórmula secreta para el éxito es "Pasión + Beneficio + Experiencia + Personalidad". Cuando se trata de la personalidad, esto no significa que tienes que ser hiperactivo, estar siempre en la cúspide ni tampoco ser extrovertido. Realmente no importa si eres extrovertido o introvertido. Lo que importa es construir tu negocio en torno a estos cuatro componentes.

Las 4 Fuerzas

Ahora que has definido tus objetivos y tienes una idea de lo que necesitas para alcanzarlos, vamos a hablar de las cuatro fuerzas que pueden optimizar tu negocio y crear el tipo de negocio que a ti te gusta. El primero es "Esencia". Esto significa que vas a pasar de ser un títere a una persona. En otras palabras, no sigas bajando la cabeza para seguir a la manada. No necesitas seguir un sistema y dejar que alguien más tire de las cuerdas. Necesitas pensar por ti mismo. Recuerda que no eres un títere, sino una persona única.

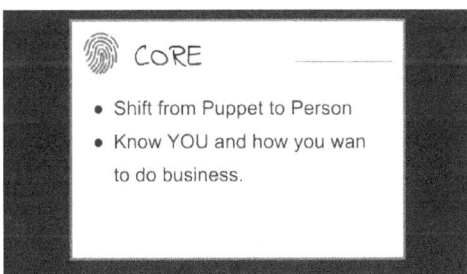

Si echas un vistazo a algunos de los empresarios exitosos que hay en este mundo te darás cuenta de que son únicos y se destacan del resto. Encontrarás que estos no son los tipos de personas que se dejan llevar por la multitud, sino que tienen un enfoque más bien diferente y original en la creación de sus negocios. Es por esta razón que es muy importante que te conozcas a ti mismo y construyas un negocio alrededor de tus fortalezas.

Si deseas saber más acerca de quién eres y de dónde vienes, puedes enviar tu ADN al ADN de Ancestry (https://www.ancestry.com/dna/) y aprender más sobre quién eres y quién era tu familia. También puedes evaluar tu personalidad con la evaluación MBTI creada por Myers-Briggs o cualquier otra que puedes encontrar haciendo una búsqueda en Google. También puedes utilizar un servicio llamado DNA Fit. Esto te ayudará a determinar tu protocolo nutricional como así también un protocolo de entrenamiento diario.

Evans dice que cuando él tenía el gimnasio en la década de los 90 no daba el mismo entrenamiento y regímenes de dieta a todo el mundo. Había diferentes objetivos para diferentes personas. Por lo tanto, piensa en tu objetivo de cómo te gustaría ganar más. Algunas personas querrán ganar $25,000 mientras que otros querrán ganar $250,000.

Tal vez reconozcas a la chica en la imagen de arriba. Su nombre es Grace VanderWaal y recientemente ganó la competencia de televisión "America's Got Talent". Lo que la separaba de todo el resto de la gente que actuaba era que siempre fue original. Ella se presentó ante el público con un estilo único, y salió tocando un ukulele, lo que es un poco inusual. No sólo eso, sino que creó canciones únicas que cantó desde el escenario. Esto la hizo destacar bastante, porque la mayoría de los otros competidores cantaban canciones conocidas de otros artistas.

Si bien esta estrategia era bastante arriesgada, porque nadie sabía si la audiencia iba a empatizar con ella y sus canciones, fue lo que terminó por hacerla ganar la competencia. Algunos dirán que incluso le ganó a gente que tenía mejores voces que la suya, pero la realidad es que les ganó debido a su individualidad. Ella ganó un premio de un millón de dólares y ahora tiene su propio show en Las Vegas porque se arriesgó y eso trajo su recompensa.

La mujer que verás en la captura de pantalla de abajo se llama KeKey Chan y ha estado siguiendo a Counts y sus programas por algún tiempo. KeKey tuvo cierto éxito moderado online, pero Counts pensó que podía hacerlo mejor, así que comenzó a hablar con ella para intentar averiguar qué es lo que le apasionaba. Quería saber qué le gustaba hacer y qué tipo de cosas había hecho en el pasado. Ella le dijo que hacía videos de loops con fondos oceánicos, y que actualmente lo estaba haciendo para la filial de la NBC en Canadá. La cosa es que esos videos terminaron siendo mostrados en los Juegos Olímpicos.

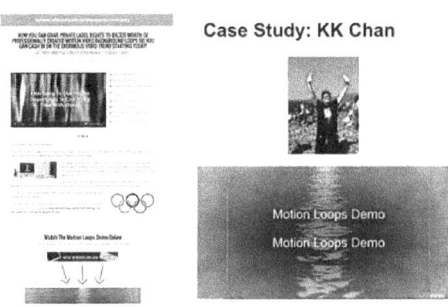

Fue entonces cuando él la detuvo y le preguntó: "Espera, ¿tu trabajo se mostró en la transmisión de los Juegos Olímpicos? ¿Qué tan fácil es hacer eso y cuánto te gusta hacerlo?" Ella le dijo que le encantaba hacer esos videos, pero nunca pensó que había mucho mercado para ello. Fue así que Counts le dijo que hiciera un montón de ellos para que luego pudieran venderlos como un paquete para empresarios que quisieran usarlos. Esta fue su primera victoria importante online, y terminó generando miles de dólares en ventas. Aún más importante, esto hizo que ahora ella sepa qué vender y qué podría ofrecer a la gente en términos de servicio. Esto realmente transformó su negocio.

La historia de KeKey es un testimonio de cómo ser único y original, y te enseña que el centrarse en lo que funciona para ti puede establecerte en el camino correcto mucho más rápido que seguir ciegamente lo que todo el mundo está enseñando. Necesitas llegar a tu esencia porque necesitas concentrarte en lo que hace la mayor diferencia. Necesitas cambiar de tener un modelo a tener una misión. Necesitas cambiar eso de hacer lo que todo el mundo hace a lo que tú sabes que logrará el mayor impacto. También necesitas asegurarte de que te conectas con el mejor método de negocio para ti.

Case Study: Michael Baptiste

"Oh my goodness! He gave me an idea that is going to change the course of my business and take it to the next level! He gave me one single idea that is going to change my life and take it to the next level! Breakthrough is here!"

Cualquier sistema no va a funcionar para todos, no importa lo grande que pueda ser. Asegúrate de mantenerte enfocado en lo que puedes aportar a este mundo, a tu comunidad y a tus clientes. Mira la captura de pantalla de arriba. Al igual que KeKey y Gina, Michael tuvo una conversación con Counts y fue capaz de encontrar su propio camino. En el caso de Michael, sin embargo, se salió del molde completamente. Él no eligió el marketing de negocios basado en el Internet, a pesar de que ahora enseña a otros usando diversas herramientas online. Michael se metió en un negocio donde prepara leche extraída de bananas, y ahora su producto se vende en los estantes de cientos de tiendas de alimentos.

Al igual que el resto de la gente en estos casos de estudio, Michael fue capaz de tomar una idea y hacerla única, y fue capaz de hacerlo mirándose a sí mismo, examinando su experiencia y echando una mirada muy cercana a sus objetivos y lo que quería lograr. Es hora de que decidas si vas a ser un empleado o un empresario.

Counts y Evans creen que comprar un negocio de talla única (esos sistemas que funcionan para todos) es como solicitar un trabajo. Si Michael hubiera intentado comprar un sistema y obligarse a hacerlo, nunca hubiera funcionado. Lo que hizo, en cambio, fue salirse de la caja de negocios y hacer algo diferente que lo hizo muy exitoso. Tomó la esencia de quién era y lo conectó a un proceso que le encajaba perfecto. Él es ahora un verdadero empresario, y eso plantea la pregunta: "¿Quieres seguir a la multitud o quieres iniciar tu propio camino?"

Después de descubrir la esencia de lo que eres y conectarlo a un proceso con el cual sientes que encajas bien, recién entonces puedes comenzar a personalizarlo. Este punto es la clave. KeKey siguió los principios de lo que había aprendido anteriormente, pero no fue hasta que ella los aplicó a través de su enfoque único que tuvo éxito. Para reiterar, hizo un cambio de conformarse a lo que todos los demás estaban haciendo para transformar su negocio mediante la integración de su propia individualidad. Si no personalizas tu negocio realmente estás condenado al fracaso.

Kelly Anne Johnston compró uno de esos negocios que vienen "listos para empezar a ganar", el cual le prometía que podría ganar $100,000 dólares al año haciendo coaching. Siguió los pasos y le encantaba ser coach, pero no ganaba dinero. Fue entonces cuando Kelly Anne fue a consultar con Paul Evans, y él se ocupó de todos los asuntos relacionados con su negocio. Ella le dijo que sólo necesitaba confirmar 20 llamadas por semana para alcanzar la ganancia prometida por año. Evans le preguntó cuántas llamadas había confirmado para esa semana, y ella le dijo que sólo había reservado cinco hasta ese momento. Entonces le preguntó: "Bueno, ¿te gusta hablar por teléfono con posibles clientes para convencerlos de participar de tu programa de coaching?" Pero ella le confesó que en realidad odiaba hablar por teléfono.

A continuación Evans le preguntó: "¿Así que compraste un producto que te enseñaba a hacer un $100,000 dólares al año haciendo coaching usando y recibiendo llamadas aunque odies el teléfono?" Ella tuvo que asentir, así que Evans le dijo: "Bueno, tú bien puedes obligarte a hacer algo que odias o puedes personalizarlo". Evans comenzó a hacerle preguntas enfocadas a los gustos de ella en la manera de comunicarse con otros y le preguntó acerca de cómo se sentiría haciendo videoconferencias, pero ella le dijo que realmente no le gustaba esa opción.

Luego le preguntó acerca del correo electrónico, pero le dijo que no le gustaba escribir. Le sugirió usar un programa como SnagIt para dibujar una caja alrededor de las preguntas que recibía por parte de sus posibles clientes, para que luego pueda grabarse a sí misma respondiendo esas preguntas. Con este programa en particular ella podía finalizar la grabación e inmediatamente recibir un link que podría enviar a su cliente. No sólo era un método que funcionaba mejor para ella, sino que podía acortar sus sesiones de coaching para que duraran cinco minutos o menos.

Kelly Anne terminó haciendo más de seis cifras al seguir la sugerencia de Evans. ¿Por qué? Porque en lugar de encerrarse en la metodología del programa, personalizó el sistema usando técnicas y herramientas que encajen mejor con su personalidad. Tienes que asegurarte de hacer esto también, o terminarás haciendo algo que odias y nunca vas a obtener los resultados que buscas de esa manera.

El último elemento necesario es la conversión. Esto significa que necesitas pasar de la confusión a la claridad. Es fácil confundirse acerca de dónde debes ir. Por eso es que necesitas tener muy en claro dónde estás intentando ir. Después de aplicar la esencia de lo que eres y lo que quieres, y después de personalizar tu negocio para que se adapte a tu personalidad, tendrás que saber cómo ordenarlo para que pueda tener las conversiones necesarias como para generar ingresos.

Tienes que tener la confianza necesaria a la hora del lanzamiento de tu negocio, de lo contrario todo lo demás que has hecho no te hará ningún bien. Podrías tener el nicho de mercado perfecto para ti, el modelo de negocio perfecto y la personalización ideal, pero si nadie lo sabe nunca vas a llegar a la gente. Las cuatro fuerzas funcionan maravillosamente juntas, y son vitales.

Te recuerdo cuáles son:

- Esencia
- Conectar
- Personalizar
- Conversión

Paul Evans tiene un amigo, el Dr. Richard Hoefer, que ha publicado un libro llamado "Funded: Successful Grantwriting for Your Nonprofit" y lo está vendiendo en Amazon y en otros lugares por alrededor de $9 dólares la copia. Evans le dijo un día: "Eres un profesor. Eres médico. ¿Tus alumnos leen los libros de textos, completan las tareas y vienen a las clases que tú das?" Richard le contestó: "Sí, por supuesto que hacen todo eso". Fue entonces cuando Evans le compartió la idea de lanzar su próximo producto en formato multimedia.

Richard estaba ganando menos de $9 en Amazon, pero cuando lanzaron el producto multimedia comenzó a ganar mucho más. Mira los precios en la captura de pantalla de arriba. Él está ofreciendo tres diversos paquetes, uno por $497, otro por $797, y otro a $997 dólares. Richard sabe que la gente puede ser ayudada por un libro, pero también entiende que podrían ser transformados tomando un curso completo con varios formatos (texto, videos y audios). ¿Ves cómo puedes hacer una gran diferencia cuando estás en total alineación con tu esencia, tu conexión, tu personalización y tu conversión?

Ahora echemos un vistazo a un simple "ajuste" que impulsó las ventas de Paul Counts en 4.117%, y según Paul todo lo que hizo fue implementar más singularidad e individualidad. Cierto día y en el medio del lanzamiento de un producto, se fijó que los resultados que estaba recibiendo eran muy insuficientes. Estaban generando ventas, pero eran muy mínimas. Las conversiones eran súper bajas, y los afiliados simplemente no estaban ayudando para nada.

Los dos hicieron un lanzamiento que generó alrededor de $3,400 en ventas, pero también hicieron otro que hizo más de $140,000. ¿Qué hizo la diferencia? Al reflexionar sobre estos resultados descubrió que cuando estaba haciendo los lanzamientos que generaban pocas ventas estuvo tratando de seguir el sistema de otra persona. Había estado trabajando con un socio de negocios y seguía la manera en que ellos reclutaban socios de joint venture, seguía la forma exacta en la que ellos escribían su carta de ventas y seguía al pie de la letra el sistema de las páginas que usaban.

Al darse cuenta de esto pusieron manos a la obra personalizando el sistema para que se adapte a él y no al revés. Este simple ajuste en su negocio hizo que se produjeran sus lanzamientos más exitosos porque utilizó sus propios métodos, impulsando así sus ventas masivamente. Este es un ejemplo de por qué la personalización es tan vital para cualquier negocio. Cuando Paul estuvo intentando seguir el camino de otra persona sólo porque pensaba que era lo "bueno" que debía hacer, se encontró batallando inmensamente. Sin embargo, cuando empezó a personalizar el proceso, comenzó a destacarse de la multitud, y fue así que empezó a generar la cantidad de ventas que obtuvo.

¿Qué es lo que necesitas hacer a continuación? Cuando se trata de construir un negocio que se adapte a ti y a tus objetivos, básicamente tienes dos opciones. Puedes tomar lo que has aprendido aquí y aplicarlo como mejor puedas hacerlo. Será la ruta más larga, pero aun así definitivamente es posible. Hay mucha gente que tiene éxito de esta manera, incluyendo a Paul Evans y Paul Counts. Ellos reconocen que les tomó años diseñar sus propios sistemas, ajustarlos y hacer que funcionen bien.

Sin embargo, hay una ruta más rápida de la cual necesitas estar informado. Si de verdad deseas un negocio exitoso y no dispones del tiempo para aprender todas estas estrategias por tu cuenta, puedes unirte a "Impact Income" para aprender más sobre los métodos de Evan y Counts. De esta manera no tendrás que pasar por todo este proceso tú solo, sino que además se te darán todas las herramientas necesarias y la formación correcta que necesitas en el camino.

Si deseas saber más sobre Impact Income visita: http://geni.us/income

*****

3
Personalizando la Experiencia de Compra

¿Estás listo para la próxima generación de marketing online? De vez en cuando hay tendencias que vienen, hay un cambio en el mercado, y cuando las tendencias aparecen, por lo general se puede monetizar si sabes cómo. Ahora bien, algunas tendencias tienen una vida útil corta y sólo se puede aprovechar ese momento durante unos meses o unos pocos años, como vimos al principio.

Lo que vas a aprender en este capítulo es un poco diferente. Esto es algo que podrías utilizar para tu negocio por el resto de tu vida. Es así de poderoso este sistema.

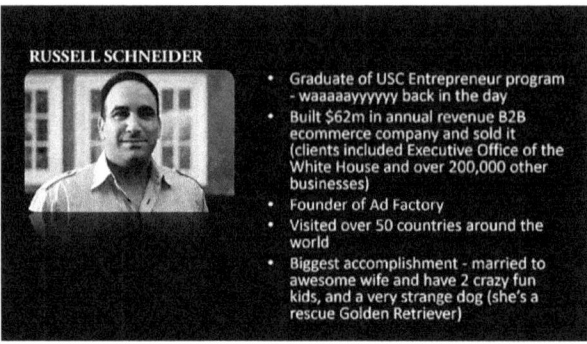

El hombre en la captura de pantalla de arriba se llama Russell Schneider. Tal vez ya hayas oído hablar de él en otra oportunidad. Él es una superestrella en el mundo del marketing. Russell es un hombre de negocios experimentado, y después de que vendió su último negocio, hace más de seis años, se tomó un tiempo libre. Hace unos tres años entró en el negocio del software y lo que lo llevó a la fama es Ad Factory.

De seguro también has escuchado sobre Teespring, una plataforma para ropa personalizada fundada por Walker Williams y Evan Stites-Clayton en 2011 como una forma de simplificar el proceso de venta de camisetas personalizadas. La cuestión es que Teespring licenció Ad Factory, y esa licencia fue por un período de 18 meses. Vencido ese contrato, Ad Factory formó alianza con ViralStyle y algunas otras empresas.

A pesar de todo su éxito, Russell siente que su mayor logro es estar casado con una esposa increíble y tener dos niños sanos y dispuestos a divertirse a lo grande. La especialidad de Russell, y su enfoque principal en este momento, es la creación de software que ahorra tiempo a las personas o las hace más rentables en sus negocios.

El tema de este capítulo específicamente es "Experiencia de Compra Personalizada en Tiempo Real" (Real-Time Personalized Shopping Experience). Ahora bien, ¿qué significa eso? Déjame contarte: ha habido una tendencia masiva últimamente, y hay un enorme mercado para ello. Un ejemplo de esto son las camisetas personalizadas, aquellas que tienen el nombre de una persona, negocio o servicio en ellas.

Sin embargo el día de hoy no se puede comercializar contactando a alguien en Facebook y llamarlo por su nombre. Por lo tanto no puedes apuntar a un fulano, por ejemplo, y tratar de venderle una camiseta con su nombre en él o cualquier otro producto dirigido a ese tipo de personas por su nombre.

Eso es lo que ya pasó, y estos vendedores hicieron una gran cantidad de dinero de esta manera, pero el día de hoy ya no es una opción. Aun así, este capítulo tiene que ver con la creación de una experiencia de compra personalizada en tiempo real, y esto es lo que descubrirás:

- Cómo puedes ofrecer productos personalizados en tu tienda y destacarte de la competencia
- Cómo crear y tener productos personalizados en tu tienda en cuestión de minutos
- Cómo ofrecer un producto sólido con personalización y ganar mercado de aquellas tiendas de venta que ofrecen toneladas de productos "casi" únicos

El hecho en cuestión es que hay una gran oportunidad en este momento. Es una tendencia que ha estado sucediendo probablemente durante el último año o algo así. La oportunidad está en la etapa en la cual todavía puedes lograr la construcción de un exitoso negocio de comercio electrónico. Mucha gente está teniendo un inmenso éxito con sus tiendas de comercio electrónico, y parte de la razón es porque las empresas de comercio electrónico requieren menos capital de arranque y menos riesgo que otros tipos de empresas.

Tú puedes, básicamente, poner una tienda de Shopify por $29 dólares, colocar algunos artículos en ella y luego correr algunos anuncios para generar tráfico. Así de fácil y ya estás en el negocio, con una inversión que probablemente sea de apenas $100 dólares. Por lo tanto, nunca ha habido un mejor momento para aprovechar algo como esto. Plataformas como Shopify lo hacen tanto fácil como también barato el hacer todo esto. Además las plataformas de anuncios como Facebook proporcionan un motor de ventas casi automatizado que puede impulsar tu empresa a millones de ingresos por año.

Ya tienes la plataforma que necesitas en su lugar, y tienes también el sistema de comercialización. Simplemente pon a los dos juntos, tanto Facebook como Shopify, y luego acaba agregando la personalización.

Antes de seguir adelante, necesitas entender que hay un gran problema. La competencia es feroz en este momento. Hay una creciente cantidad de competencia y hay nuevos propietarios de tiendas Shopify poniendo más y más artículos cada día.

Si estás metido en el mundo del marketing por Internet, seguro puedes recordar cuando surgió el servicio de Teespring. Todo el mundo vio la oportunidad, se subió al tren y comenzó a vender camisetas. Se convirtió en una afluencia masiva de la competencia, lo cual es natural. El problema es que hoy en día existen muy pocos obstáculos para empezar este negocio cuando se trata de comercio electrónico. Cualquier persona puede importar productos y todo el mundo tiene la capacidad de encontrar algo barato. Casi todos los productos están siendo vendidos como mercadería, y las cosas que no están siendo tratadas como tales son productos con licencia o patentados. Sin embargo, las licencias son a veces difíciles y costosas de conseguir.

En este momento, en el auge del comercio electrónico, tienes que encontrar una manera de destacar si realmente deseas tener éxito prolongado. Si nada más estás haciendo las mismas cosas que todo el mundo hace, como vender los mismos collares que todos los demás y ofreciendo el mismo modelo de envío, la vas a tener cuesta arriba, porque estás agarrando de la misma base de clientes que tus competidores.

Hay una manera en la que realmente puedes competir y destacarte, y se trata de ofrecer productos personalizados de impresión a demanda.

¿Por qué productos personalizados de impresión a demanda?

Aquí es donde se pone muy interesante, porque puedes hacerlo directamente a través de tu tienda Shopify. Mira la captura de pantalla de arriba. Lo que puedes hacer es tomar un collar como este y venderlo en varias redes con sólo este diseño, pero también podrías vender algo como esto y personalizarlo para agregarle un mayor valor directamente desde tu tienda Shopify. Como puedes ver, este collar dice en inglés: "Por siempre enamorada de Tom." La buena noticia es que la parte que dice "de Tom" se puede cambiar a cualquier otra cosa que el cliente desee. Por ejemplo, si un hombre llamado Pedro viene a tu tienda y ve ese collar, bien podría comprarlo, cambiarle lo que dice "de Tom" por "de Pedro" y regalárselo a su pareja.

Un cliente puede cambiar los nombres de determinado artículo y ver cómo se vería (en este caso) el collar con un nombre diferente y en tiempo real. Esto no tiene nada que ver con tener un campo para que ellos ingresen su nombre y que de esa forma sea personalizado. El producto real se crea justo ante los ojos del cliente. La persona puede añadir ese producto a su carrito y luego se envía a un vendedor para que pueda ser producido justo de la forma en que el cliente quiere que se vea.

Ahora, imagínate si pudieras hacer esto de forma integrada en tu tienda Shopify, piensa en lo poderoso que sería. Podrías ofrecer no sólo camisetas, sino gafas, collares personalizados, tableros de madera o realmente cualquier producto que se te ocurra. ¡Aquí es donde se pone divertido e interesante! Más adelante en este capítulo podrás ver una lista de cerca de 60 diversos productos con los cuales tú puedes lograr esto, y eso es apenas raspar la superficie.

¿No crees que si orientas esto a los nichos o audiencias adecuadas tus tasas de conversión se incrementarían al ofrecer productos personalizados como éste? ¿No crees que la gente se inclinaría mucho más a comprar un producto personalizado? ¿Crees que estarían dispuestos a pagar más? No sólo puedes diferenciarte de todos los demás competidores allí afuera ofreciendo personalización, sino que podrías aumentar potencialmente tu margen de beneficio. Es una doble victoria, ¿no te parece?

Ahora te cuento cómo lograrlo: Customplex es una aplicación privada de Shopify a la que solo pueden acceder invitados. No puedes encontrar esto en ningún otro lugar, y esto le permite a tu tienda Shopify ofrecer productos totalmente personalizados, renderizados en tiempo real.

Ninguna otra herramienta tiene la capacidad de hacer todas las cosas que vas a ver aquí. De hecho, existen otros lugares que están ofreciendo este tipo de solución en línea como Disney y Nike, pero algunos de ellos ni siquiera tienen el tipo de tecnología que estás a punto de ver.

Los creadores de Customplex se muestran arriba. Ya sabes un poco sobre Russell, y tal vez hayas oído hablar antes de Tobías Berlin. Ha estado en el mundo de la comercialización del Internet por mucho tiempo. Hace poco conectó con Russell y produjeron una sinergia muy productiva. Obviamente, Russell tiene muchos amigos de influencia. Después de todo, dirigió una compañía de 62 millones de dólares. Les mostró el software que había creado y estas personas ofrecieron pagarle cuatro cifras mensuales por el acceso a la herramienta, y le aconsejaron que sólo la compartieran con muy pocas personas.

Russell es el tipo de persona que quiere ayudar a tanta gente como sea posible. Es por eso que ha decidido ofrecerlo a más gente de lo que le aconsejaron, pero todavía no quiere abrirlo al mundo entero. Él pide a los pocos que se enteren de esto que lo mantengan confidencial. Este no es un gran lanzamiento en masa para el mercado común, y no está disponible en ninguna otra plataforma. Si estás leyendo este material es porque tú eres parte de un grupo único de personas a las cuales se les da el privilegio de ver esto.

Por favor toma nota. Si bien este puede ser el software más novedoso que hayas visto, no hay ninguna promesa o garantía de que obtendrás ingresos o tendrás un aumento de ventas con este software.

Como con cualquier herramienta, tus propios resultados variarán en función de una miríada de factores. Esto no es para "hacerse rico rápidamente" o para aficionados. Probablemente entiendes todo esto, pero es importante asegurarnos de que esté bien claro.

A continuación veremos algunos ejemplos concretos de lo que se puede lograr con esta oportunidad de negocio.

Case Study 1: Baby Pillowcase

La captura de pantalla muestra una funda de almohada para bebé. Por supuesto, tener un nuevo bebé es un momento emocionante en la vida de cualquier padre, y en la mayoría de las tiendas que venden este producto existen campos para que una persona pueda escribir la información que quiera, como el nombre de su hijo, fecha de nacimiento, etc. Estas personas no pueden ver el producto en tiempo real, sino que se guían por la foto del modelo publicado. Sin embargo y aun así este tipo de productos se venden como pan caliente. Este es el tipo de tecnología que una gran cantidad de empresas está ofreciendo, y un montón de gente todavía realiza pedidos de esta manera.

Tienes que darte cuenta de que la gente está dispuesta a gastar $34.99 dólares por esto sin realmente ver el diseño final. La siguiente captura de pantalla muestra un diseño que se ha configurado con el software Customplex. Como puedes ver, las personas pueden llenar los campos e introducir el nombre que quieren, la fecha e incluso editar el color. Llegan a personalizar el producto completamente en tiempo real.

Case Study 1: Baby Pillowcase

Cuando un cliente agrega el producto a su carro de compras, ven su producto tal cual como lo diseñaron. Esto hace que la persona se encuentre mucho más dispuesta a seguir adelante con su transacción, ya que puede ver el producto personalizado allí mismo en el carrito de compra. En el backend, toda esta información se almacena y luego se entrega al proveedor del producto. Con respecto a esto hay muchos proveedores diferentes que puedes utilizar para entregar tu producto.

Customplex tiene una plataforma abierta, y el equipo también está trabajando para agregar más proveedores a su API. Eso significa que una vez que hacen una alianza con un proveedor ellos crean un pequeño código llamado API, que vincula tu tienda a ese proveedor. Customplex se dedica a ir detrás de algunos de los proveedores más grandes para que obtengas oportunidades masivas de impresión, pero tú podrías, básicamente, tener este producto en tu tienda con cualquier abastecedor, porque vas a conseguir las ilustraciones y todo lo que necesitas directamente de ellos.

Cuando tu proveedor reciba la información, como se muestra en la captura de pantalla anterior, imprimirá el producto, lo enviará y el pedido se cumplirá automáticamente para ti. No tienes que hacer nada. Recuerda que la otra tienda estaba vendiendo una almohada similar por $34.99, e incluso puede haber existido gastos de envío no incluidos. Tú podrías proporcionar el envío gratis, y si vendieras este producto a $39.99, tu coste sería solamente de $15.00 dólares. Así pues, te harías de $24.99 en beneficio si ése fuera el caso.

Case Study 1: Baby Pillowcase

¿No crees que es un margen bastante bueno? ¿No es eso mejor que estar ganando solo dos o tres dólares a la vez? Esto es sólo una almohada. Estás a punto de ver algunos ejemplos mucho mejores. Una vez más, no sólo hay una afinidad más alta para que la gente haga su compra porque el artículo es personalizado, sino que también puedes obtener mayores márgenes de beneficio.

Case Study 2: Couple's Key Dates

La captura de pantalla arriba muestra otro gran producto que está vendiéndose muy bien por ahí. Este tipo de cuadro se está vendiendo por $80 dólares cada uno como mínimo, dependiendo de qué estilo se pide. Básicamente escribes algunas fechas, como el día en que te casaste, la fecha de tu primera cita o la fecha de tu primer beso. La siguiente captura de pantalla muestra el producto en la tienda Shopify de uno de los clientes de Russell. En este caso el cliente llega a verlo creado justo delante de sus ojos. En el backend, el proveedor recibe el gráfico completo, y todo está listo para imprimir, empaquetar y enviar a la persona que realizó el pedido.

Case Study 2: Couple's Key Dates

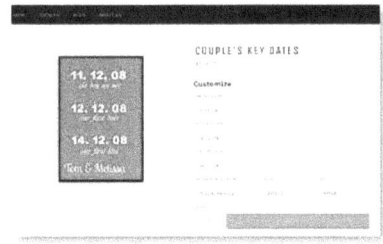

Este cliente averiguó que podía vender este producto en su tamaño más grande por $139.99 e incluso enviarlo de forma gratuita, ya que el costo total de crear y entregar el artículo sería de sólo $85 dólares. Por supuesto, podrías cobrar un poco de envío si quisieras, pero este cliente descubrió que cuando no cobras el envío menos gente abandona el carro. Muchas veces la gente agrega un producto en su carrito, luego ve los gastos de envío y manipulación, se enojan y se van. Y quién sabe si algún día deciden volver. De todas maneras, si tu costo es de $85.00 y cobras $139.99, eso te deja $54.99 de pura ganancia.

¿Ves cuánto beneficio hay? ¿Crees que te da un poco de margen como para publicar algunos anuncios de Facebook si sabes que una vez que vendes uno de estos vas a ganar $54 dólares? Yo creo que es un margen masivo, que te da mucha más comodidad y mucha más flexibilidad para publicar anuncios por mucho más tiempo.

En realidad podrías tomar un anuncio de $5 y dejarlo funcionar durante 7 días, y eso seguiría siendo $35. Todo lo que necesitas es una venta e inmediatamente vas a tener ese margen de beneficio grande. Esto significa que tendrás más tiempo para conocer a tu audiencia, para poder probar diferentes estrategias, y ser capaz de generar aún mayores márgenes de beneficio.

Case Study 3: Steel Flask

La captura de pantalla anterior muestra otro producto popular. Si quieres comprar esta frasquera te costaría $24.99. Y eso es antes de que algo esté grabado en ella. Si quisieras personalizarla deberías pagar otros $28.00 sólo para agregar un nombre y una fecha a este producto. Por lo tanto, una persona entra en este sitio pensando que puede obtener un frasco personalizado por tan sólo $24.99 sólo para descubrir que tiene que pagar un extra de $28.00 sólo para conseguirlo personalizado. Todo esto da un gran total de hasta $52.99, pero cuando llegas al final del pedido te das cuenta que debes pagar $9.99 y $4.10 de envío y manipulación.

Como se puede ver en la captura de pantalla anterior, este frasco terminó costando $67.04. Tal vez si tuviera algo dentro de él, entonces valdría eso, pero está vacío. Un dato: si vas a Ali Express puedes comprar un frasco personalizado por sólo $6.54. De hecho hay cinco diseños diferentes a elegir desde allí. Incluso si vendieras uno de éstos por $49.99, todavía podrías obtener un beneficio de $43.45. Puedes vender este producto por $39.99 y todavía hacer una gran diferencia, pero ya sabes que otras personas están cobrando $67.00 por básicamente el mismo producto. A continuación una imagen de un frasco personalizado en Ali Express.

Case Study 3: Steel Flask

El poder de la personalización

Espero que puedas ver la emoción que genera la personalización a la hora de comercializar un producto, ya que tener una herramienta que puede hacer que el diseño real aparezca en frente de los ojos del cliente le da un valor agregado enorme.

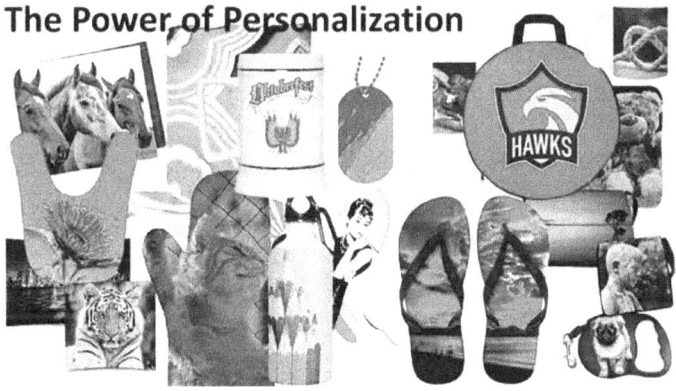

Aquí hay algunos pocos ejemplos de otros productos que podrías vender:

- Billeteras
- Vidrios Curvos
- Cepillos de pelo
- Fundas de iPad
- Carcasas para teléfonos móviles
- Baberos

- Correas de perro
- Paños para bebés
- Delantales
- Bolsa de compras
- Fundas para ordenadores portátiles
- Toallas de Microfibra
- Posavasos
- Cojines de asiento
- Chancletas (ojotas)
- Placas de identificación
- Guantes de cocina
- Portavasos
- Collares Colgantes - Cuadrado
- Collares Colgantes - Rectángulo
- Collares Colgantes - Corazón
- Collares colgantes - Círculo
- Tazas de café
- Botellas plásticas de agua
- Cuencos para perros
- Tazones para gatos
- Tazas de café
- Carteras para damas
- Identificaciones para mascotas
- Identificaciones de equipaje
- Identificaciones para animal doméstico - corazón
- Tazones de cerveza
- Copas de vino
- Cuchillos
- Abrebotellas
- Cruces
- Almohadas
- Cuadros
- Llaveros
- Impresiones De Lienzo
- Posters de Navidad
- Camisetas
- Sudaderas con capucha

- Camisetas sin mangas
- Camisetas Manga larga
- Sudadera con capucha Zip Up
- Relojes
- Bolígrafos
- Anillos
- Pulseras
- Placas de madera
- Cajas de madera
- Polainas
- Faldas
- Vestidos

Ahora bien, la personalización es una cosa, y es maravillosa porque produce resultados reales y concretos, pero ¿qué pasaría si lo llevamos a otro nivel? Algo que podrías hacer luego de instalar el módulo Customplex en tu tienda es visitar Etsy.com. Es una plataforma para gente muy creativa que tiende a ser muy buena con su arte, y si te fijas detenidamente hay cosas realmente excelentes. Pero la cosa es que no son buenos con los negocios ni tampoco con el marketing online. La mayoría de ellos no tiene idea qué hacer para vender sus productos, y piensan que por sólo publicar en Etsy venderán sus productos.

Algo que Rusell recomienda es visitar este sitio y encontrar un producto que sea realmente creativo, como por ejemplo un reloj de madera que pueda ser tallado. Lo que puedes hacer es pedirle a la persona que lo hace que te envíe uno de estos relojes sin el adorno tallado, de esta manera puedes importarlo a tu módulo de Customplex en tu tienda Shopify.

A continuación puedes superponer el texto sobre la imagen para que las personas pueden venir a tu tienda, poner sus nombres o lo que quieran grabado. Puedes configurar tu sistema para que una vez que lo ordenen el sistema le envíe un correo electrónico al nuevo proveedor que conseguiste de Etsy. De esta manera puedes vender un producto que nadie más vende, y estás siendo creativo y pensando fuera de la caja.

Tan pronto como tu proveedor de Etsy obtiene el gráfico ya puede ir trabajando para poner el nombre o la frase que pidió tu cliente y luego enviarlo. Tu proveedor en Etsy te informará cuando el pedido haya sido enviado y puede también dejar el número de seguimiento en Shopify para que la plataforma le envíe al cliente un mensaje diciendo que su pedido se ha enviado, lo que le permite saber el número de seguimiento. Una vez más, nadie está haciendo realmente algo como esto, y es porque la gente no toma el tiempo para buscar oportunidades como esta. Esta es una táctica que puedes utilizar si realmente deseas hacer algo para que tu negocio se destaque de los demás.

Aquí hay otra táctica muy buena que puedes probar. Dentro de Facebook puedes dirigirte a hombres o mujeres que tengan un aniversario en 61 a 90 días. Podrías conseguirte una foto de un hombre en una cucha de perro que asoma la cabeza y añadir un mensaje que diga: "¿No quieres dormir en la cucha este año? ¡No te olvides de tu aniversario! [Producto]"

Realmente no importa qué producto pongas delante de ellos, porque cualquier regalo personalizado va a lograr que el marido se luzca, y la esposa va a estar feliz de haberlo recibido.

Esto requeriría que hicieras una orientación exacta dentro de Facebook. Es una categoría de comportamiento. Te dirigirías a hombres que están casados y, a continuación, por el comportamiento, escribirías "Aniversario" o "Aniversario próximo" y verás que puedes seleccionar "61 a 90 días".

Esto te dará tiempo para obtener el producto creado, hecho e incluso enviado. Esto incluso te daría tiempo para que recibas el envío de la mercadería desde China si es que has elegido alguno de los productos que venden desde allí. El punto es que si piensas un poco fuera de los límites serás capaz de hacer cosas que nadie está haciendo. Hay mucho más si piensas en productos originales, como los que se ofrecen en Etsy, que nadie más está produciendo.

Mira la captura de pantalla de abajo. Como puedes ver, la camiseta dice "Last Name (Apellido) en el frente. Cuando escribas un nombre en el campo etiquetado "Escriba su apellido", el texto de la camiseta cambiará automáticamente en el visor preliminar. Así que el cliente verá esto en el acto, sucediendo en tiempo real en la foto a medida que escribe su apellido. Podrías tener otras opciones disponibles como diferentes colores para la camiseta, y la gente puede hacer clic en ellos para ver cómo quedaría el diseño con otro color.

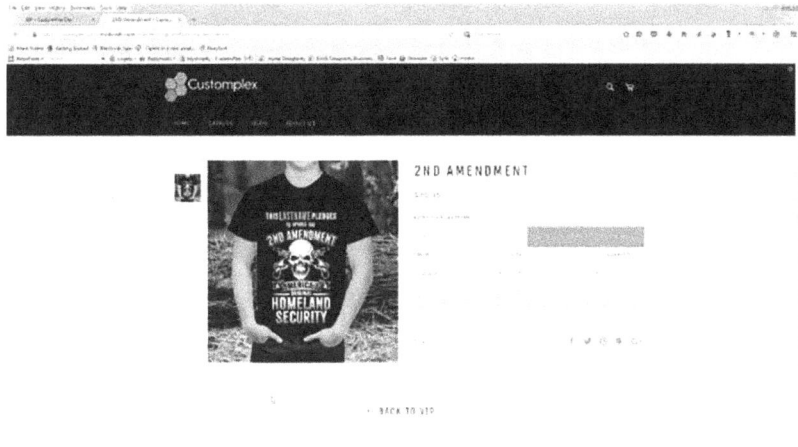

Una cosa que mucha gente no sabe es que se pueden conseguir anillos personalizados en Ali Express a precios muy económicos. Además, el equipo que desarrolla este software está trabajando constantemente para mejorar Customplex todo el tiempo, y ahora mismo están agregando un proveedor que hace joyas hechas a medida. Por lo tanto, pronto habrá una integración API para eso. Como seguramente sabrás ya existen sitios por ahí donde se puede ir a comprar joyas personalizadas, pero no se puede obtener una vista previa de lo que realmente estás comprando. ¿No crees que si una persona va a comprar algunas joyas preferiría ser capaz de ver exactamente cómo quedará el producto final?

Si observas la imagen del anillo que aparece a continuación, podrás ver que las palabras "I love you" (Te amo) se muestran en el interior del anillo. Puedes notar que esto fue mecanografiado en el campo a la derecha, y en la imagen el texto es curvado. El software es capaz de doblar, torcer y hacer todo tipo de cosas con el texto. Puedes incluso utilizar cualquier fuente de tu propio sistema para esto. Todo lo que tienes que hacer es cargar la fuente en el software. La misma tiene que ser una fuente en formato TTF, pero también hay convertidores que puedes utilizar para convertir cualquier tipo de fuente a ese formato, los que puedes encontrar fácilmente con una búsqueda de Google.

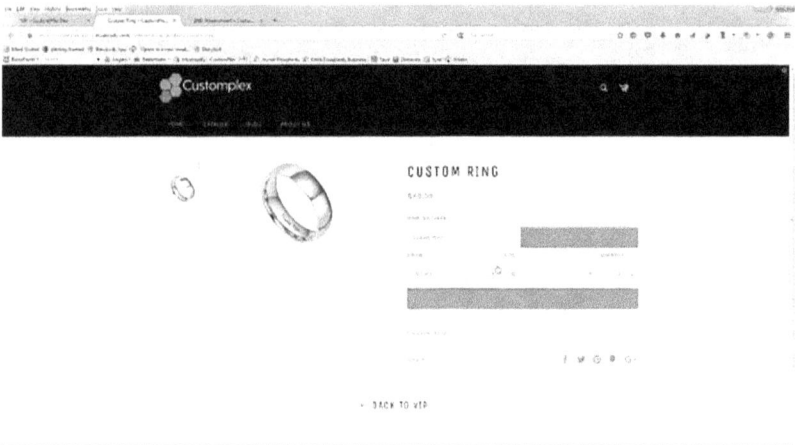

La imagen de pantalla debajo muestra una camiseta que puedes personalizar tanto en el frente como en la parte de atrás. El poder de esta herramienta es simplemente increíble. Es muy fácil para el cliente personalizar sus productos y luego simplemente hacer clic para realizar el pedido. Como lo mencioné antes, una de las cosas más sobresalientes de este sistema es que cuando la gente modifica su texto para pedir requisitos particulares esas modificaciones aparecen en tiempo real sobre el producto. En este caso el cliente puede ver los cambios realizados a la camiseta vestida por la mujer en la foto. Recuerda que ser capaz de ofrecer productos personalizables de esta manera va a diferenciarte de todos los demás en el mercado.

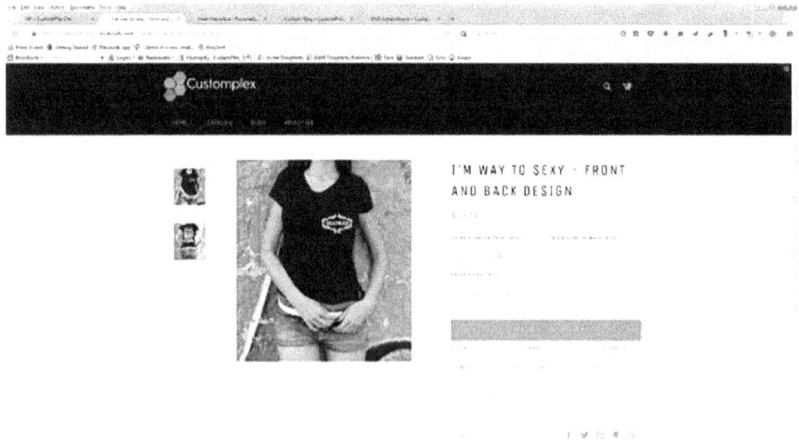

Mirando hacia el futuro

Hay algunas cosas que vas a ser capaz de hacer con este software y es importante que sepas acerca de ello. Por ejemplo, puedes vender algunas de las camisetas "all over print" que están muy de moda en este momento, como la que aparece en la imagen de abajo. Estos tipos de camisetas se están vendiendo muy bien ahora, y ya hay una opción para personalizar camisetas como estas.

Las fundas de madera para iPad, como la que puedes ver en la misma imagen, también son muy populares. También puedes personalizarlas. ¿Qué hay de ofrecer bates de béisbol personalizados? El equipo de desarrollo está trabajando para agregarlos en el futuro, pero no está demasiado lejos. ¿Sabes lo grande que es el mercado para los padres que compran artículos deportivos para sus hijos? Serás capaz de ofrecer a tus clientes la posibilidad de poner el nombre de sus hijos en un bate de béisbol, tal como se ve en la captura de pantalla de arriba.

El vaso de vino personalizable es algo que puedes hacer ahora mismo si trabajas con un proveedor adecuado, y como puedes ver, las tazas que puedes hacer también lucen increíble.

Se necesita tecnología de vanguardia para crear este tipo de productos, pero como lo mencioné anteriormente el equipo está trabajando en la adición de proveedores que pueden crear cosas como estas. También hay decantadores que puedes crear y que los proveedores son capaces de imprimir directamente en las botellas de vidrio. Obviamente, estos pueden ser vendidos por un precio sustancial. Esto es sólo un vistazo previo de algunas de las cosas que están por venir.

¿Estás listo para comenzar a usar Customplex hoy? Recuerda que a Russell se le recomendó que guardara esta oportunidad y no la compartiese, excepto con unos pocos. Pero él quiere dar a la gente la oportunidad de tener éxito con este sistema, por eso es que ha creado el Club VIP de Customplex. Este es un club privado, solo para invitados, y la única manera de entrar es por invitación. Sin embargo, hoy mismo tienes la oportunidad de unirte a este selecto club de emprendedores online.

Algunas de los beneficios que recibirás son:

- Acceso inmediato a la aplicación
- Entrenamiento directo y personalizado hombro a hombro.
- Prioridad de soporte por correo electrónico
- Acceso al exclusivo grupo Mastermind de Facebook
- Además de las herramientas adecuadas que necesitas para obtener el éxito rápidamente (artículos de bonificación)
- Taller de Capacitación en Vivo
- Cómo comenzar rápido con Customplex
- Descubrirás cómo identificar los mercados ideales para vender
- Cómo elaborar las descripciones de productos que venden más
- Cómo realizar una búsqueda de audiencias en Facebook
- Qué copias de anuncio deben utilizarse para que la gente acuda a tu tienda
- Y mucho más!

Para saber más de esta oportunidad, ir a: http://geni.us/customplex

*****

4
Guía Definitiva para Vender en Amazon

Imagina este escenario: el año es 1984 y tienes un ardiente deseo de ser financieramente independiente.

Has escuchado de muchas autoridades de confianza que la forma más rápida y fácil de lograr tu objetivo es a través del marketing de respuesta directa.

En 1984 la mejor manera de llegar a un cliente de respuesta directa era a través de anuncios en revistas (el correo directo era otra forma diferente, pero era prohibitivamente caro).

Si hubiera habido tal cosa como un nerd de la computadora en 1984 seguramente tú habrías sido esa persona, de hecho, de seguro no lo pensabas dos veces si tenías que desembolsar $3,000 dólares por una computadora de IBM XT (con un disco duro gigante de 10 megabytes) el mismo momento que estuviera disponible.

Así que te figuras que si vas a hacerte rico con la comercialización de respuesta directa también podrías vender algo relacionado con ese nicho.

En 1984 un producto que se vendía muy bien para los dueños de computadoras personales era los diskettes de 5-¼ pulgadas. (Si tienes menos de 40 años de edad piensa que eran como los CDs pero cuadrados plásticos flexibles con alrededor de 1/400 de capacidad de almacenamiento). En ese tiempo se vendían por alrededor de $5 dólares cada uno en el Radio Shack local o podías obtener una caja de 10 por alrededor de $35 dólares.

Un poco de historia para poner las cosas en perspectiva: la mayoría de las personas que poseían computadoras en 1984 eran aficionados o pequeños propietarios de negocios administrados desde sus hogares. Y muchas de las computadoras en uso en ese momento no tenían unidades de disco duro, ya que un disco duro nuevo costaba alrededor de $1,500 dólares. Como había que tener alguna manera de guardar los datos la mayoría de la gente optaba por adquirir unidades lectoras de discos que costaban alrededor de $350 dólares. Así que utilizaban disquetes de 5-¼ para almacenar sus datos y cuando llenaban uno o bien tenían que borrar archivos o usar otro disquete nuevo. Los propietarios de computadoras pronto se dieron cuenta que estaban usando los discos flexibles de 5 ¼ pulgadas como rollos de papel higiénico.

Volvamos a tu estrategia de negocios. Mirando a través de los anuncios en revistas de computadoras, te encuentras un proveedor mayorista de disquetes de 5-¼ pulgadas y descubres que puedes comprarlos en grandes cantidades por sólo 75 centavos cada uno. Así que desembolsas unos $550.00 (el pedido mínimo más gastos de envío) y un par de semanas más tarde recoges la caja que contiene los 700 disquetes de 5-¼ pulgadas de la oficina de correos (en ese momento no se hacía envío a domicilio) y ya estás en el negocio.

¿Y ahora qué?

Es tiempo de volver a las revistas de computadoras... te encargas de llamar a los departamentos de publicidad de cada una de ellas y envías cartas pidiendo que te envíen las tarjetas de tarifas publicitarias.

Después de un par de semanas las tarjetas de tarifas comienzan a entrar, y te sorprendes al encontrar que el anuncio de espacio más barato en la revista de circulación más baja es un pequeño anuncio de columna de apenas unos centímetros por un valor de $1,200 dólares. (Un anuncio de página completa en la misma revista costaba $10,000 dólares).

Habiendo gastado $550 en inventario, decides que $1,200 dólares es mucho más de lo que tu presupuesto permite para un anuncio de prueba.

Afortunadamente tienes otra opción: los clasificados.

En 1984 los anuncios clasificados aparecen en la parte posterior de la mayoría de las revistas de computadoras. Son mucho más baratos pero menos gente los ve porque se agrupan como sardinas. Sin embargo, a sólo 75 centavos por palabra y 15 palabras mínimo vale la pena una prueba.

Así que finalmente creas tu anuncio que dice: "Disquetes de 5-¼ pulgadas compatibles con PC IBM por sólo $3 cada uno. Cheque o giro postal a: Tu nombre, dirección, ciudad y código postal".

A continuación envías el anuncio junto con un cheque de $ 17.25 (23 palabras a 75 centavos por palabra).

Entonces te toca esperar. Y esperas. Y esperas un poco más.

En 1984 incluso una revista semanal tenía un plazo de 6 a 8 semanas, lo que significa que tomaba de 6 a 8 semanas desde el momento en que recibían tu anuncio junto con el pago hasta que el anuncio aparecía en la revista (en ese tiempo podías esperar de 3 a 6 meses para una revista mensual).

¡Pero valía la pena la espera! Porque cuando todos esos cheques por $3, $6 o más empezaban a inundar tu buzón, podías tomar ese anuncio y publicarlo en la sección clasificada de todas las revistas de computadoras que se publicaban en 1984 (y en ese entonces había un montón).

Tú sólo esperabas que la inundación de pedidos viniera rápido y te preguntabas qué haría la oficina de correos cuando no pudieran colocar más sobres en tu buzón, tal vez tendrías que ir a retirarlos del correo en esos sacos grandes y marrones, o tal vez puede que tuvieras que hacer dos viajes.

Pero la inundación de pedidos nunca llega. Ni siquiera uno.

Finalmente la revista sale a luz y descubres que el editor había mandado imprimir tu anuncio con la abreviatura incorrecta del estado, PA en vez de VA. Supongo que no supo leer tu letra, así que piensas que deberías haber usado esa computadora de $3,000 dólares para imprimir el anuncio en lugar de escribirlo a mano.

Un par de días más tarde algunos pedidos comienzan a llegar, los suficientes como para pagar por lo menos el anuncio. Pero no lo suficiente como para darte alguna esperanza de que este emprendimiento sea todo un éxito.

Espero que al leer esta historia no creas que fue una suposición hueca o inútil. Lo que acabas de leer es lo que le pasó realmente a uno de mis mentores. Sí, esa fue una de sus primeras aventuras en la venta de productos físicos.

Quería que hicieras este ejercicio de imaginar que eras tú quien hacía todo esto porque quiero que te des cuenta de una cosa: hoy en día hacerlo es mucho más fácil que en aquel entonces.

La venta de productos físicos a consumidores hace 30 años era muy costosa, una pérdida de tiempo sin las herramientas adecuadas y era implacable.

Lo que acabas de leer es sólo una de las aventuras de mi mentor en su "camino a las riquezas" con el marketing directo. Podría contarte otras muchas más.

Cuenta él que lamió tantas estampillas (para una idea relacionada con el marketing postal) que desarrolló una aversión similar a la fobia cuando se acercaba a los sellos postales. El gusto del sello y el pegamento del sobre le producían muchísimo rechazo. Gracias a Dios que alguien tuvo el buen sentido de desarrollar sellos postales autoadhesivos en los años 90.

Cuenta también que los del servicio postal lo investigaron por adjuntar un tornillo en la parte superior de sus cartas de correo directo en las cuales tenía un mensaje que decía "Lea a continuación para saber cómo su banco lo está estafando (screwing)."

Nota: la palabra usada aquí es "screwing", la cual indica en el lenguaje popular que alguien quiere aprovecharse o intentar estropear una cosa o impedir que salga bien.

Mi mentor pensó que era una idea genial adjuntar un tornillo en una carta a sus posibles clientes, pero el servicio postal no estuvo muy de acuerdo con esa idea. Resulta que en aquella época ellos acababan de adquirir máquinas para la clasificación automatizada de correspondencia y sus tornillos estaban atascando su costoso equipo nuevo.

Mi mentor tuvo pequeños éxitos acompañados de uno que otros fracasos, pero ninguna gran historia digna de contarse, y ciertamente nada que destacar. Pero hoy las cosas son mucho más fáciles, más rápidas y más rentables. Gracias a Amazon.

Hoy no tenemos que gastar $1,000 dólares en publicidad. Podemos aprovechar la enorme base de clientes que ya tiene Amazon.

No tenemos que limitarnos a seleccionar sólo los productos que se comercializan a través de revistas. Antes de Amazon tenías que apegarte bastante a los mercados existentes a los que podrías llegar sólo con revistas o correo directo. Hoy en día Amazon es como un enorme catálogo instantáneamente disponible que llega hasta los mercados de nicho más oscuros.

Modelos de negocios de Amazon

Hay muchas maneras de asociarse con Amazon. Puedes publicar libros electrónicos en Kindle. Puedes publicar libros impresos a pedido con su división CreateSpace. Incluso puedes distribuir aplicaciones y juegos en su Android Store.

Sin embargo, en este capítulo me voy a centrar en la venta de productos físicos utilizando Amazon FBA.

FBA significa "Fulfillment By Amazon". Simplemente significa que Amazon se ocupa de todos los detalles luego de que el cliente realiza el pedido.

El vendedor envía todo su inventario a Amazon y esta compañía coloca el inventario en uno o más de sus almacenes para que luego los artículos estén disponibles para su venta en el sitio de comercio electrónico de Amazon: Amazon.com.

Existen dos modelos de negocio diferentes para vender productos físicos en Amazon. Para simplificar las cosas yo las llamo el Modelo de Negocios Generalista y el Modelo de Negocios Especializado.

Modelo de Negocios Generalista – Se trata de vender lo que puedas encontrar, siempre y cuando sea rentable. Algunas personas también lo llaman "cambio al por menor" o "arbitraje minorista". En general, esto se trata de encontrar productos en tu área local que puedas enviar a Amazon y vender con fines de lucro. Éstos son generalmente artículos que ya están catalogados en Amazon. Simplemente agregas tu producto al listado existente como un vendedor tercerizado.

Modelo de Negocio Especializado - Venta de artículos específicos. Esto también se conoce como "Marca Blanca" o "Creación de tu propia marca". Este es el modelo que usa "Amazing Selling Machine" (ASM). Con este modelo de negocio encontrarás un proveedor para un producto al que puedes poner tu propia marca y vender como tu propio producto. Puesto que estos son productos de tu propia marca, simplemente los agregas al catálogo de Amazon.

Echemos un vistazo más profundo a las diferencias entre estos dos modelos de negocio. He aquí un ejemplo de lo que vendería un generalista:

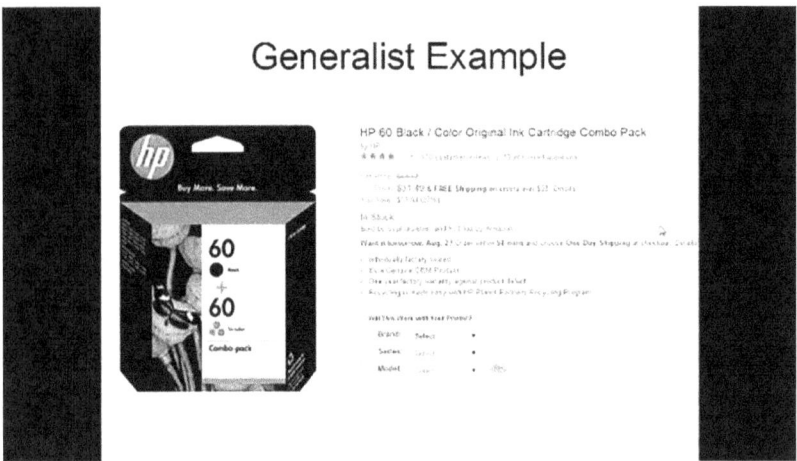

Es increíble en cuántos lugares se pueden encontrar cartuchos de impresora a un precio muy bajo. Los he encontrado tan baratos como $1 o $2 cada uno en una venta de garaje, tiendas de ahorro e incluso en las tiendas de descuento. En la imagen de arriba podrás ver que este producto se está vendiendo como por $31.50 cada uno en Amazon. Por lo tanto, el margen de beneficio para estos cartuchos puede ser enorme.

Sin embargo, aquí hay algo que vendería un especialista:

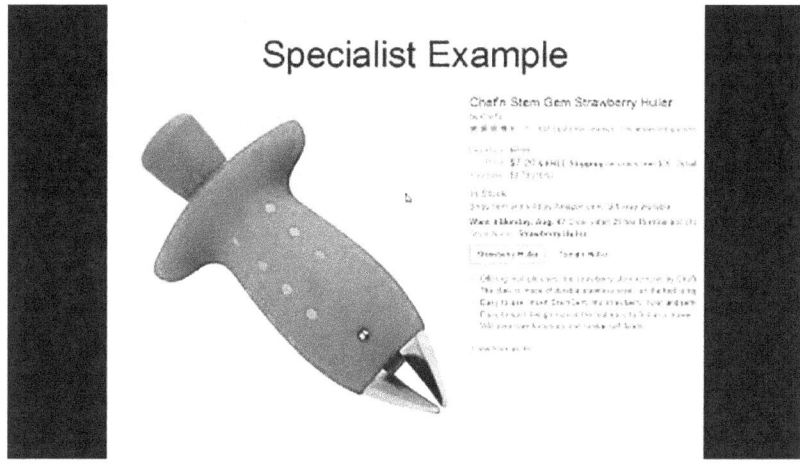

Este es un producto de etiqueta blanca que alguien podría comprar en cantidad de un proveedor como Alibaba.com y luego ponerle su propia marca privada.

Ya sea si estás considerando vender como un especialista o un generalista, hay ventajas y desventajas de cada uno. Echemos un vistazo a los pros y los contras del modelo de negocio generalista:

Uno de los pro de ser un generalista es que tiene muy bajos costos de puesta en marcha.

Por ejemplo, podrías ir a una tienda de ahorro local, encontrar elementos que probablemente serían rentables y empezar a subir los detalles a Amazon de inmediato. Cuando eres un generalista puedes encontrar inventario en cualquier lugar y en todas partes. Algunos ejemplos son:

- Wal-Mart
- Grandes lotes
- Tiendas de segunda mano
- Ventas de garaje
- Tiendas de a dólar y de descuento
- Tiendas especializadas

Es realmente muy fácil hacer tus primeros dólares en línea con este modelo. No tienes que pagarle una cuota mensual a Amazon y no hay cantidades de pedidos mínimos con los cuales tengas que lidiar. Podrías cargar la data de tus productos hoy mismo y comenzar a vender hoy si lo deseas.

Sin embargo, existen varias desventajas para este modelo de negocio.

Debes estar constantemente buscando inventario para que siempre tengas productos que vender. Tienes que tener una mentalidad de "cazador de tesoros", porque para hacer esto con eficacia tienes que mantenerte constantemente con un ojo "explorador" con el fin de obtener más productos que puedas vender.

Vender como un generalista es muy intensivo en mano de obra. Tienes que salir y encontrar inventario, tienes que llevarlo a tu casa y hacer algunas investigaciones sobre ese producto, y luego tienes que enviarlo al comprador. Podrías contratar a alguien para que te ayude a hacer todo esto, pero entonces tienes que asegurarte de tener el tiempo para coordinar los detalles con esta persona.

Una de las mayores desventajas de ser un generalista es que es una carrera por ver quién tiene el precio más bajo, lo que significa que necesitas estar constantemente revisando si tú eres el vendedor con el precio más accesible para entonces conseguir gente que te compre a ti y no a un competidor.

Por último, es extremadamente difícil escalar tu negocio si eres un generalista, porque estarás limitado a lo que puedas encontrar por ahí, así que una vez que el inventario está completo tienes que salir y encontrar algo más para vender.

A pesar de todo esto te recomiendo que comiences como un generalista, porque es una buena manera de "mojarse los pies" y aprender el proceso. Una vez que aprendas de las idas y venidas, puedes cambiar a ser un especialista.

Ahora veamos las ventajas y desventajas de ser un especialista:

Cuando eres un especialista estás en completo control sobre tu producto porque es de tu propia marca. Es así que puedes entonces centrarte en la comercialización del mismo en lugar de ocuparte de encontrar inventario constantemente. Una vez que hayas encontrado a los proveedores de tus productos ya puedes poner toda tu atención en la comercialización, sabiendo que tu inventario está a sólo una llamada telefónica o a un correo electrónico de distancia.

Otra de las ventajas es que al tener tus propios productos puedes aprovechar el tráfico masivo de Amazon. Pones tu artículo allí y tu producto aparecerá en los resultados de búsqueda cuando alguien lo busque a través de la búsqueda por palabras clave.

Como especialista puedes hacer crecer tu negocio exponencialmente. Puedes comenzar vendiendo solamente un producto en particular y crecer a partir de allí.

Ahora bien, hay algunas (muy pocas) desventajas de ser un especialista. Cuando eres un especialista hay un mayor costo de inicio por tu inventario. Como especialista vas a estar pidiendo más inventario de lo que sería como un generalista, pero de nuevo, estarás en control de ese inventario. También hay una curva de aprendizaje más empinada involucrada con ser un especialista, porque hay mucho más que aprender y más variables con las que lidiar.

Por último, tienes que pagar $39 dólares al mes cuando te conviertes en un especialista en Amazon. Esa es la cuota mensual que pagan todos aquellos que deseen ser vendedores de productos en Amazon. Ten en cuenta que esta tarifa va a ser compensada por el número de artículos que estés vendiendo. Amazon te cobra $1 junto con otros cargos cuando vendes un artículo a la vez sin cuenta de vendedor profesional. Cuando te registras para obtener una cuenta de vendedor profesional ese dólar ya no lo tienes que pagar. Mientras estés vendiendo 40 artículos o más por mes esta tarifa de $39 será compensada, y realmente vas a estar pagando menos que si tuvieras que pagar $1 por artículo.

Información básica

Si estás considerando este modelo de negocio, hay cierta información básica y definiciones que necesitas entender antes de comenzar. Algunas cosas ya las he mencionado, pero voy a enumerar lo que necesitas saber aquí con una breve descripción:

ASIN (Amazon Stock Inventory Number) - es un número único que Amazon asigna a cada producto listado. Si estás vendiendo un artículo que ya está listado (por ejemplo como generalista) utilizará el ASIN existente para listar el elemento. (Vamos a cubrir este proceso más tarde). El ASIN se encuentra en la descripción del producto listado:

```
Product Details
Size: Mini
    Product Dimensions: 2.5 x 5.2 x 2 inches ; 0.5 ounces
    Shipping Weight: 1.6 ounces (View shipping rates and policies)
    Shipping: This item is also available for shipping to select countries outside the U.S.
    ASIN: B005BV0EQI
    Item model number: 43109
    Average Customer Review: ★★★☆☆ ☑ (26 customer reviews)
    Amazon Best Sellers Rank: #164 in Pet Supplies (See Top 100 in Pet Supplies)
        #4 in Pet Supplies > Dogs > Toys > Balls
```

FBA (Fulfillment By Amazon) - Amazon se encarga del envío de tus artículos al cliente luego de cada compra.

FBM (Fulfillment By Merchant) – El cumplimiento por el comerciante se da cuando tú envías el artículo luego de generar la venta en lugar de utilizar FBA. Se recomienda encarecidamente que utilices FBA en lugar de FBM debido a las ventajas competitivas, sin embargo si utilizas FBM debes asegurarte de enviar el artículo al cliente en un plazo no mayor de 48 horas después de haber recibido el pedido.

Muchos vendedores de Amazon se han dado con la frustración de tener sus cuentas suspendidas permanentemente porque no enviaron un pedido de manera oportuna. Amazon es muy estricto sobre esta política de envío.

Categoría principal – Indica el departamento de nivel superior en el que se encuentra un producto en particular.

```
Product Details
Size: Mini
    Product Dimensions: 2.5 x 5.2 x 2 inches ; 0.5 ounces
    Shipping Weight: 1.6 ounces (View shipping rates and policies)
    Shipping: This item is also available for shipping to select countries outside the U.S.
    ASIN: B005BV0EQI
    Item model number: 43109
    Average Customer Review: ★★★☆☆ ☑ (26 customer reviews)
    Amazon Best Sellers Rank: #164 in Pet Supplies (See Top 100 in Pet Supplies)
        #4 in Pet Supplies > Dogs > Toys > Balls
```

Subcategoría – Indica el departamento de sub-nivel en el que se encuentra un producto en particular. En el ejemplo anterior la Subcategoría es Pet Supplies> Dogs> Toys> Balls. Podría haber más de una subcategoría por artículo.

Amazon Best Seller Rank (BSR) - Este es un número que te dice lo bien que un producto en particular está vendiendo en una categoría principal. En el ejemplo anterior, la clasificación de Amazon Best Seller de este producto es 164 en Suministros para Mascotas. Esto significa que este producto es el 164to mejor vendido en la categoría de suministros para mascotas. También hay un BSR para la subcategoría, pero cuando se mira para ver lo bien que un producto está vendiendo siempre utilizamos el BSR para la categoría principal.

Vendedores tercerizados - estas son personas (diferentes que el principal vendedor) que también tienen el artículo para la venta. Estos vendedores podrían estar ofreciendo el mismo artículo nuevo o también usado. Pueden haber comprado el artículo de una tienda de descuento o simplemente comprado uno y decidieron que no lo querían y ahora están tratando de vender el suyo. A continuación te indico cómo encontrar vendedores tercerizados de un artículo:

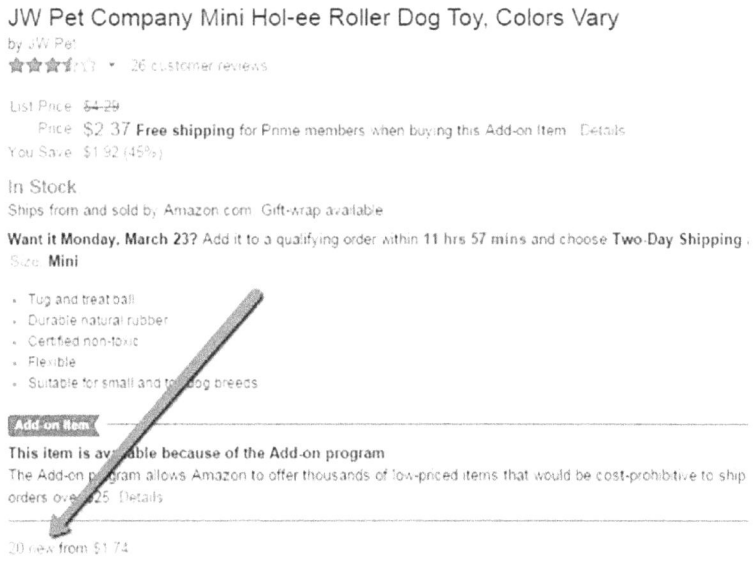

Si estás vendiendo como generalista entonces eres un vendedor tercerizado.

Cómo empezar este negocio

Comenzar a vender en Amazon es muy fácil. Sólo tienes que ir a este enlace y registrarte: http://geni.us/amazon11

Allí verás que tienes dos opciones:

- Vender como Profesional
- Vender como Individuo

Estas opciones ya las he explicado en detalle anteriormente, pero sinceramente te recomiendo que empieces con el plan individual gratuito, ya que puedes actualizar al plan profesional cuando estés listo.

Después de inscribirte en el plan que hayas seleccionado también tendrás que registrarte en Fulfillment By Amazon (FBA). Ve aquí para registrarte en FBA: http://geni.us/amazon12

Es gratis registrarse, pero hay cargos una vez que se vende un artículo. Puedes revisar las tarifas aquí: http://geni.us/amazon13

¡No dejes que las tarifas te asusten! Recuerda que pagarás la tarifa solamente si vendes un artículo. Puedes ver la tarifa exacta que te cobrará para cualquier artículo actual que figure en Amazon si vas a esta calculadora FBA: http://geni.us/amazon14

Necesitarás ingresar el número ASIN del producto para encontrar un ítem específico y luego la calculadora te mostrará todos los cargos individuales.

Cómo vender en Amazon usando el Modelo Generalista

Como mencioné anteriormente, puedes encontrar artículos para vender en tiendas de segunda mano, tiendas de descuento, tiendas de a dólar, etc., pero te sugiero que empieces con cosas que tengas en tu propia casa de las cuales quieres deshacerte.

Hay algunas restricciones en los tipos de artículos que puedes vender. Aquí hay una lista de artículos aprobados:

Productos para bebés (excluida la ropa)

- Libros

- Cámara y fotos
- Teléfonos celulares y accesorios
- Electrónica de consumo
- Accesorios Electrónicos
- Hogar & Jardín
- Cocina
- Música
- Instrumentos musicales
- Productos de oficina
- Al aire libre
- Computadoras personales
- Software
- Deportes
- Herramientas y mejoras para el hogar
- Juguetes y Juegos
- Celulares desbloqueados
- Videojuegos

Hay algunas otras categorías permitidas si eres un vendedor profesional, pero la mayoría requiere la aprobación previa de Amazon. Te sugiero que comiences con lo anterior. Sin embargo, para solicitar otras categorías, utiliza este enlace:

http://geni.us/amazon15

Nota sobre DVDs: Ya no se permite vender DVDs sin la aprobación previa de Amazon. Solicita aprobación antes de incluir cualquier DVD.

En algunas categorías, Amazon te permite vender artículos usados y coleccionables. Te sugiero que vendas productos nuevos, pero si son usados puedes vender en las siguientes categorías:

- Libros
- Música (CDs, Cassettes)
- Videojuegos
- DVDs (Si tienes la aprobación para vender DVDs)

A continuación enumero los artículos que personalmente encuentro y vendo regularmente:

- Libros
- Música (CDs, Cassettes)
- Juguetes nuevos
- Juegos de mesa nuevos
- Rompecabezas nuevos
- Accesorios de computadora nuevos
- Pequeños electrónicos y gadgets de cocina nuevos
- Consumibles (cartuchos de impresora, filtros de agua, etc.)

Nota: Cuando digo nuevo, quiero decir en su caja original, sin abrir y en el caso de rompecabezas o juegos de mesa, en la envoltura de celofán o plástico original. Como vendedor quiero evitar cualquier oportunidad de obtener una mala reputación o un comentario negativo ya sea por una pieza faltante del rompecabezas o algún elemento roto. Sobre todas las cosas cuida mucho tu reputación como vendedor.

Una vez que ya tienes algo para vender es muy fácil agregarlo al catálogo de Amazon. Simplemente encuentra ese mismo artículo en la tienda. Búscalo por código UPC o ISBN si está disponible y si no lo estuviera escribe el nombre del producto y encuentra el mismo desde el listado que verás en la pantalla.

Una vez que lo hayas encontrado haz clic en el botón que se encuentra a la derecha de la mayoría de los anuncios que dice: "¿Tiene uno para vender? Vende en Amazon".

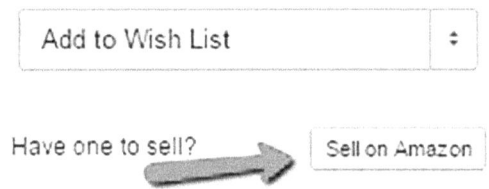

Eso te llevará a una pantalla que se ve así:

Como puedes ver, es un formulario muy simple. Debido a que el elemento ya está en la lista (recuerda que estás simplemente agregando tu producto a otro producto ya existente), la mayor parte de la información ya estará allí.

Debes seleccionar una condición de artículo. En este caso es un libro, así que aquí están las diferentes condiciones:

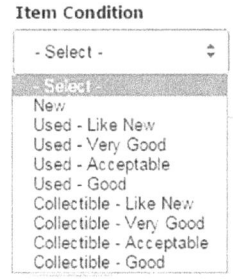

Te sugiero que seas muy estricto con tu calificación al seleccionar una condición. "Usado - como nuevo" significa que está casi en condiciones nuevas. Si la portada tiene un pequeño pliegue eso ya es suficiente como para seleccionar "Usado - muy buen estado". Lo digo una vez más, siempre evita que se puedan generar comentarios negativos porque publicaste el producto "como nuevo" pero el cliente no está de acuerdo. Protege siempre tu reputación como vendedor.

El siguiente campo es la nota de condición. Aquí puedes elaborar un poco más sobre cuáles son exactamente los defectos. O si es un artículo nuevo, puedes poner "A estrenar en caja - Condición excelente". Si el artículo es nuevo pero su estado en almacenaje no es del todo bueno, también lo observo poniendo algo como "a estrenar pero la caja muestra un cierto desgaste menor de almacenamiento". Detalla todo cuando utilices este campo.

A continuación sigue "Cantidad", lo cual es muy simple: enumera cuántos artículos tienes. A continuación viene el precio, cuánto estás cobrando por el artículo en cuestión.

Código de impuestos - este campo solo aparece si eres un vendedor profesional. No soy un abogado de impuestos o CPA, pero me han dicho que no es algo por lo que necesitas preocuparte a menos que estés vendiendo por lo menos un millón de dólares en cualquier estado.

SKU: es un campo opcional. Yo lo dejo en blanco, pero algunos vendedores pondrán aquí un código que les permite saber dónde se obtuvo el artículo.

El último campo es la rapidez de envío. Selecciona "Quiero que Amazon envíe y proporcione servicio al cliente para mis artículos si se venden".

Una vez que hayas terminado con esta página haz clic en el botón Continuar. Si estás vendiendo por FBM el artículo será listado, de lo contrario se te pedirá que crees tu envío en FBA. En este punto puedes enumerar cualquier otro artículo que tienes para luego entonces crear un envío.

A continuación te dejo un video que te guiará a través de este proceso (sólo en inglés). Ir a: http://geni.us/fbalisting

Si no ves el botón "Vender en Amazon" en la página del producto, ingresa a tu Cuenta Central de Vendedor (Seller Central Account, ya sea profesional o individual) y luego haz clic en Inventario y, a continuación, agrega un Producto:

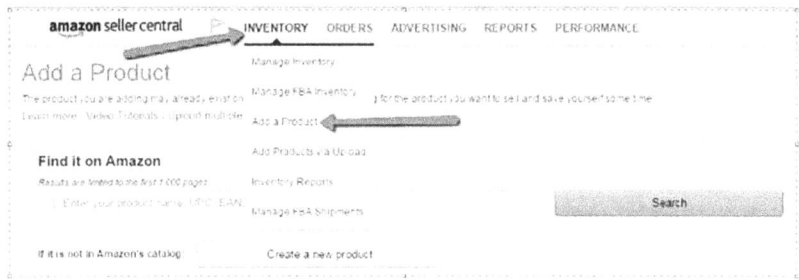

Introduce el código UPC o el ISBN del producto en el cuadro de búsqueda (o el nombre del producto si el código UPC o ISBN no están disponibles) y haz clic en el botón Buscar. A continuación selecciona el que coincida con tu producto y haz clic en el botón Vender el tuyo (Sell Yours):

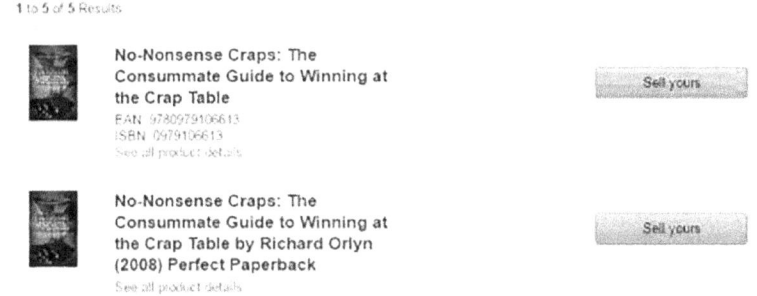

Esto te llevará al formulario de oferta dentro de tu cuenta en Seller Central que tiene los mismos campos de los que hablamos anteriormente:

Hay más campos en esta versión del formulario, pero sólo los que tienen un asterisco rojo son necesarios. Introduce la condición del producto, la nota de condición, el precio y el método de envío. A continuación, haz clic en el botón "Guardar y finalizar". Luego se te pedirá que introduzcas la información de envío como antes. En el video que mencioné anteriormente puedes obtener un paso a paso completo.

Cómo vender en Amazon usando el Modelo Especialista

Listar tu propio producto de etiqueta privada o marca blanca en Amazon es muy similar a vender como generalista. Las diferencias son:

1. Debes encontrar un producto que puedas vender con tu propia marca.
2. Debes comprar un UPC para el producto (cada producto listado en Amazon debe tener un único UPC)
3. Tienes que añadir el producto al catálogo de Amazon.

Aquí también hay ciertas categorías de productos que puedes vender y otros para los cuales tienes que conseguir aprobación para poder comercializar. Sugiero que te adhieras a los que se permiten vender sin aprobación previa, los cuales son:

- Accesorios
- Bebés
- Arte, Costura y Artesanía
- Accesorios para celular
- Computadoras y Accesorios
- Electrónica
- Hogar y Cocina
- Instrumentos musicales
- Productos de oficina
- Patio, césped y jardín
- Suministros para mascotas
- Deportes y aire libre
- Herramientas y mejoras para el hogar
- Juguetes y juegos

Es realmente increíble si te pones en ello: siempre y cuando tengas una cuenta de vendedor profesional, Amazon te permitirá agregar un producto de cualquiera de las categorías anteriores a su sitio web y lo venderá y lo enviará por ti.

Cómo encontrar un producto para vender con tu propia marca

Suena todo muy bonito y hasta parece fácil, pero ¿dónde encontrarás exactamente artículos para vender? ¿Y qué puedes vender?

Permíteme responder a la pregunta de "qué vender" dándote primero los criterios que uso:

- Debe ser un producto aprobado en su categoría (ver arriba)
- Pequeño, que pueda ser sostenido con una mano
- Peso ligero, que pese menos de 500 gramos
- Que sea uno de los productos más vendido en los resultados de búsqueda con un rango de mejor vendedor (BSR) de menos de 1000
- Que por lo menos otros 3 productos en los resultados de búsqueda tengan BSR de menos de 5000
- Fuentes múltiples donde pueda comprar el producto al por mayor
- Precio de venta desde $9 hasta $50 dólares

- 400% de margen de ganancia, si el producto me cuesta $3 quiero venderlo por lo menos a $12

Volvamos entonces a la pregunta principal: ¿Dónde puedes encontrar productos que puedes adquirir a precios al por mayor?

Uno de los mejores lugares es un sitio llamado Alibaba.com. Esta es la mayor empresa de comercio en línea del mundo y es de China. Alibaba conecta a proveedores chinos de prácticamente cualquier producto con compradores como nosotros.

Simplemente visita Alibaba.com y realiza una búsqueda por cualquier producto que estés buscando vender. La mayoría de las veces encontrarás un montón de empresas que ofrecen los mismos productos o similares con casi cualquier opción o función que puedas imaginar:

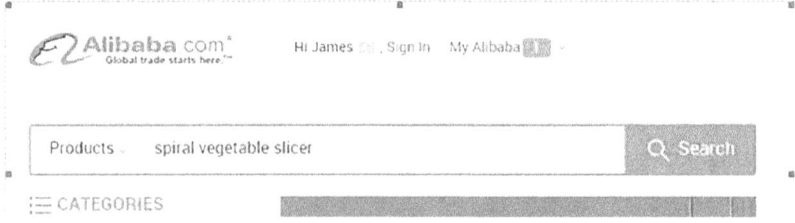

Como puedes ver en este ejemplo para "cortador de verduras en espiral" hay 4,449 productos relacionados que coinciden con esta búsqueda.

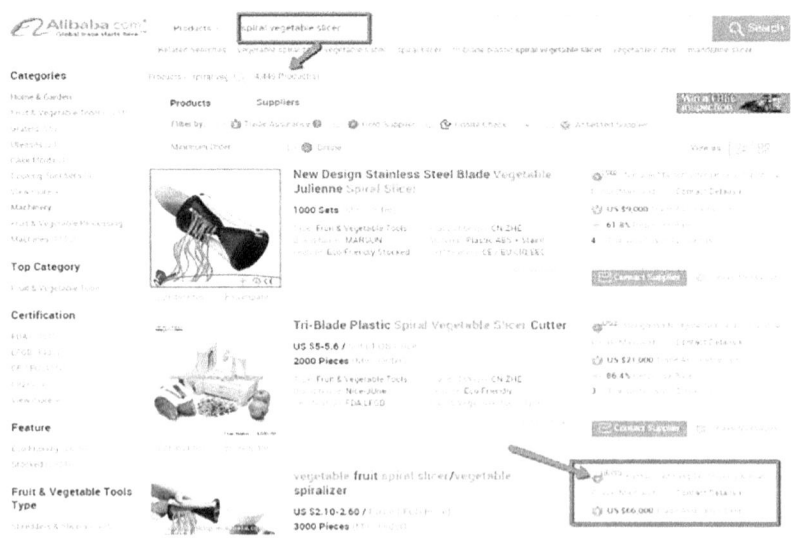

A la derecha de cada listado verás información sobre la empresa que suministra este producto. Observa el sello de oro: esto indica una compañía que ha pagado $3,500 dólares extra para pasar por un proceso de aplicación más riguroso con Alibaba.com. También puedes ver cuánto tiempo la compañía ha sido un miembro de este gran sitio. Por lo general, cuanto más tiempo significa que son más confiables. En mi caso yo sólo trato con empresas que son proveedores de oro que hayan sido miembros por lo menos 5 años.

Si haces clic en un listado verás más detalles sobre el producto:

En la imagen de arriba he destacado los detalles importantes de información que debes tener en cuenta:

FOB Price: este es el precio por unidad, excluyendo el envío.

Cantidad mínima de pedido: es la cantidad de unidades que la empresa te sugiere que solicites. La mayoría de las compañías permitirán cantidades más bajas - por lo general a un precio más alto - y la mayoría también te enviará muestras del producto por una tarifa.

Capacidad de suministro: cuántas unidades puede fabricar la empresa por mes.

Puerto: si el envío viene por mar este es el puerto de donde saldrá.

Condiciones de pago: cómo se puede pagar por la mercancía.

Contact Supplier: haz clic en este botón para iniciar comunicación con el proveedor.

Te sugiero que comience con una pequeña orden de prueba de 25 a 50 unidades que se pueden enviar por vía aérea en lugar de flete marítimo. Pagarás más, pero obtendrás tu producto más rápido y serás capaz de probar la viabilidad de tu emprendimiento.

Generalmente hay tres maneras de hacer enviar los productos que necesitas:

- Express Air - el más rápido y caro
- Carga aérea - más lento que el expreso pero todavía rápido y más barato que el expreso
- Carga marítima - lenta pero más barata

Esta es una de las razones por las que te he recomendado antes que te enfoques en pequeños artículos ligeros. Cuanto más pequeño sea el producto, es más probable que puedas conseguir un pedido de muestra de 25 a 50 unidades por Express Air a un precio razonable. Necesitas negociar con el proveedor los costos, el método de envío, las condiciones de pago, etc.

Una vez que consigas los artículos necesitarás enumerarlos y enviarlos a Amazon para FBA. Ya veremos cómo hacer esto, pero primero:

Cómo obtener un UPC para tu producto

Puedes adquirir UPCs del registrador oficial de la UPC, GS1, en este enlace: https://www.gs1us.org/application-for-barcodes-authorized-by-gs1-us#

También hay descuentos para UPC que puedes conseguir mediante una búsqueda en Google. Sólo asegúrate de que se trate de una empresa de renombre que ha estado en el negocio durante varios años.

Cómo agregar el producto al catálogo de Amazon

Este proceso es similar a lo que hablé en la sección Cómo vender como Generalista, pero esta vez es necesario hacer clic en Inventario y, a continuación, agregar un producto. Para esto debes hacer clic en el botón

"Crear un producto nuevo" en lugar de buscar un producto existente.

Una vez que lo hagas te llevará a una página donde seleccionas tu categoría y sub categorías:

Una vez que hayas seleccionado las categorías adecuadas, verás una página que se ve así:

Como puedes ver, esto es muy similar al formulario que usas cuando estás agregando un producto a una lista de productos existente, excepto que hay muchos más campos que rellenar. Observa en la parte superior que tiene varias pestañas:

Información Vital

- Oferta
- Imágenes
- Descripción
- Palabras claves
- Más detalles

Tienes que ir a través de cada una de esas pestañas y llenar la información. Hay un video que explica toda la información (sólo en inglés): Ir a: http://geni.us/amazon16

Una vez que hayas terminado el listado puedes enviar el inventario a Amazon tal como te mostré en la sección de ventas de Generalista. Cuando llegue el inventario, Amazon lo colocará en uno o más almacenes y el sistema se pondrá en funcionamiento.

Vendedores profesionales hoy en día envían el inventario de productos directamente desde China a algún almacén de Amazon. Imagínate no tener que lidiar con grandes stocks de productos, sino que otros lo hagan por ti. Ya es una realidad.

Vender en Amazon no es tan difícil como parece. Claro, hay un montón de piezas pequeñas, variables y detalles, pero el panorama general es bastante simple.

1. Tú puedes vender tus propias marcas de productos o vender productos existentes
2. Enumeras los productos en Amazon
3. Envías los productos a Amazon
4. Amazon se ocupa de los detalles para cumplir el pedido

Para más información sobre este sistema te recomiendo que hagas un curso intensivo. El mejor en este momento es el que podrás encontrar en: http://geni.us/amazing17

Luego hay otros cursos creados por personas que están llevando adelante este modelo de negocio con éxito. Destaco por ejemplo el de Brian Cinnamon, quien comparte el proveedor que ha estado usando durante varios meses, el cual tiene millones de productos en su almacén listos para ser enviados a la empresa de logística que tú elijas, de esta manera eliminas todo el trabajo manual. Puedes conocer más detalles al visitar su sitio web: http://geni.us/ultimatefba

*****

5
Marketing Sin Costo usando Instagram

El método de marketing online que veremos en este capítulo es uno que de seguro será nuevo para la gran mayoría de lectores, aunque bien es posible que hayas oído hablar de él con anterioridad, e incluso puede ser que lo utilices actualmente. El porcentaje de las personas que están usando este método y teniendo éxito al ponerlo en práctica es probablemente sólo un uno por ciento o menos. Por eso es que creo que lo que abarcaremos a continuación será esencialmente desconocido. Sin embargo, ya sea si lo conoces o no, vas a aprender cómo usar esta táctica para tu beneficio y recibirás consejos valiosos sobre cómo usarlo.

Harlan Kilstein, quien originalmente presentó esta información, comparte una historia sobre un hombre que tenía un elefante de mascota. Este señor quiso llevar su elefante como animal doméstico con él a su casa, pero la única manera de llegar era en tren. Así que fue a la estación de tren con su elefante en una correa. Se acercó a la ventanilla y le dijo al hombre que emitía los boletos: "Necesito un billete para mí y necesito pagar lo que sea necesario para tener un espacio para mi elefante". El hombre de la taquilla señaló un cartel pegado en la pared, y le dijo muy claramente: "No se permiten elefantes en los trenes".

A lo que el señor propietario del elefante le respondió: "Disculpe, pero tengo que subir a mi elefante en ese tren porque es la única manera de conseguir que mi elefante vuelva a casa".

En respuesta a esto el hombre en la taquilla le dijo, evidentemente molesto: "¿Es que no puede leer el cartel? ¡No se permiten elefantes en los trenes!" El dueño del elefante dio media vuelta y se retiró de la ventanilla realmente decepcionado. Tenía que conseguir que su elefante lo acompañara a casa, pero por otra parte era claro que no se permitía, pues el cartel decía claramente "No se permiten elefantes en los trenes". Así que le dio un tirón a la correa y le dijo a su elefante que lo siguiera.

Salieron de la estación de trenes y se sentaron por ahí. El señor quería encontrar un momento de paz para pensar qué podía hacer con su situación. Fue cuando levantó su cabeza y notó que justo al frente de la estación de trenes había una tienda Home Depot (empresa norteamericana de venta al por menor de suministros para el hogar que vende herramientas, productos de construcción y servicios). Miró hacia Home Depot y luego miró al elefante, y recordó que en ese lugar vendían madera.

El hombre y su elefante cruzaron la calle, y cuando llegaron a la tienda el hombre amarró a su elefante a un poste, dejándolo afuera. Acto seguido entró y minutos después regresó con mucha madera en un carro grande, además de otros elementos. También pidió prestado un martillo y unos clavos largos. El hombre se puso a construir una enorme caja en el estacionamiento del lugar, el cual estaba algo vacío a esa hora de la mañana. Luego le puso unas ruedas muy resistentes. Vio que por ahí había algo de paja y la tiró dentro de la caja que había armado con sus propias manos. Luego hizo que el paquidermo entrara, y mientras cerraba la caja, le dijo al elefante: "No te preocupes. Estaremos bien. Vamos al tren".

Cruzaron la calle y terminaron de nuevo en la estación de trenes, y el dueño del elefante se acercó a la ventanilla una vez más. Le dijo al vendedor lo siguiente: "Hola. Necesito un boleto, y necesito poner mi caja en el carro de equipajes". El vendedor se inclinó hacia adelante y miró fijamente la caja por un segundo, pero entonces dijo: "Bueno, en total serán $50 por tu boleto y $25 por tu caja. Simplemente llévala hasta el coche de equipajes".

Así fue como el dueño, con una sonrisa de pura satisfacción, hizo rodar la caja hasta el coche de equipajes donde los porteros la tomaron y la acomodaron dentro del tren. El hombre entonces tomó su lugar en el tren, sentándose en el asiento asignado feliz de que fue capaz de conseguir que su elefante se subiera en ese tren.

El punto de la historia es que a veces hay que hacer las cosas a la vista de todos. El marketing es algo que se realiza muy "en frente de ti, en tu cara". A menudo incluso puede ser molesto. El método que vas a aprender en este capítulo, sin embargo, es muy parecido al elefante en el tren. Realmente no te das cuenta de que está ahí.

Harlan dice que en realidad pensó llamar este sistema "Marketing Subconsciente", porque es un método que permite comercializar a la gente sin que ellos realmente se den cuenta de que lo estás haciendo. Si bien este método no es uno de esos que te pegan en la cara, aunque sea sutil, funciona. A continuación vamos a empezar a aprender sobre esta forma secreta de comercialización.

Ciclos de vida

El ciclo de vida de Twitter

Cuando Twitter surgió por primera vez los gurús saltaron por todas partes. En ese momento la gente quería seguidores de Twitter más que nada, por lo que comenzaron a comprar seguidores intentando superar a sus competidores. Luego la gente comenzó a usar bots que publicaban tweets de manera automática. Podías programarlos y entonces comenzarían a auto-publicar mensajes continuamente en tu lugar. Algunas personas publicaban mensajes de inspiración sin parar. En otras palabras, usaban bots que tenían un enorme directorio de mensajes y se enviaban cada pocas horas, o incluso con pocos minutos de diferencia.

Si tenías uno de estos bots realmente no tenías que hacer nada. La gente acababa por ver todos tus tweets. Mucha gente también decidió que estaban en Twitter solo para ganar dinero, por lo que comenzó a enviar mensajes de venta sin parar. Después de un tiempo llegó a un punto donde mirabas tu feed de Twitter y lo encontrabas lleno de este tipo de mensajes. Era allí cuando te preguntabas: "Pero, ¿quiénes son todas estas personas?" No pasó mucho tiempo antes de que los mensajes directos de spam comenzaran a llegar, y la gente comenzó a sentirse realmente molesta por esto. La gente se cansó de recibir ese tipo de mensajes que intentaba venderles algo que nunca quisieron comprar.

Eventualmente los feeds de la gente en Twitter se llenaron con mensajes de ventas sin parar, mezclados con mensajes de inspiración que no paraban de llegar. La proporción de ruido versus valor era muy alta, y esto mantuvo alejada a la gente de formar relaciones verdaderas. Como resultado muchas personas simplemente abandonaron Twitter. ¿Te suena familiar? Mucha gente dice que esto todavía está sucediendo el día de hoy.

Pero fue muy diferente para las personas que construyeron relaciones con su audiencia. Para ellos Twitter se convirtió en una valiosa manera de conectarse con otros. Podrías utilizar Twitter para conocer a gente que tiene interés en tu nicho, y podrías hacer dinero importante en Twitter si lo utilizas correctamente, como veremos más adelante. Sin embargo, los gurús ya se han mudado de plataforma. Destruyeron Twitter y se fueron a otro lugar, pero ¿a dónde se mudaron? Fueron a Facebook, por supuesto.

El ciclo de vida de Facebook

Los gurús saltaron por todo Facebook. Querían obtener fans de Facebook más que nada, y comenzaron a comprarlos de a miles. Comenzaron a auto-publicar en Facebook, al igual que lo hicieron en Twitter. Los mismos mensajes inspiradores comenzaron a ser publicados en esta plataforma sin parar. También comenzaron a publicar mensajes de ventas con autobots. La gente era constantemente golpeada con anuncios, y todo esto le quitaba el valor real a la plataforma, por lo que Facebook comenzó a reaccionar contra esto deshabilitando cuentas y páginas. También comenzó a reducir las opiniones orgánicas debido a todo el spam que se publicaba.

Muchos, si no la mayoría de los gurús, fueron expulsados de Facebook. No sólo perdieron sus cuentas publicitarias, sino que también perdieron sus cuentas personales. Esto afectó a otras personas también porque Facebook terminó cerrando las cuentas de algunas personas inocentes como resultado. Esto es lo que sucede cuando tienes un medio de marketing que es abusado. Al abusar de un sistema el mismo sistema te muerde.

Cuando se trataba de que las personas construyeran relaciones reales, Facebook se convirtió en una forma muy valiosa de conectarse. Harlan dice que personalmente se ha reunido con muchos amigos en persona que él conectó por primera vez en Facebook, y muchas de estas conexiones se han convertido en conexiones de por vida. Además de hacer buenas conexiones, la gente gana dinero en Facebook si sigue las reglas y no abusa de ellas. Los gurús avanzaron, y en muchos casos, volvieron a Twitter. Esta plataforma ahora tiene probablemente cientos de millones de cuentas falsas.

Introducción a Instagram

En este momento Instagram es la plataforma que eligen millones de usuarios en el mundo. Es tan usada que incluso la Casa Blanca la está usando para cubrir los viajes del presidente. ¿Por qué? Porque es la red social de más rápido crecimiento entre todas las redes sociales. Lo que estás a punto de descubrir, sin embargo, es que todo el mundo la está usando de manera equivocada.

La mayoría de la gente usa Instagram para selfies y para compartir diversos momentos y experiencias personales, pero casi nadie la está usando para vender productos o servicios. La mayoría de la gente allí afuera no se da cuenta que esta plataforma se puede utilizar para la comercialización. A pesar de esto, hay muchas personas y empresas que se han dado a conocer con gran éxito sólo usando Instagram.

Lo más importante de todo esto es el hecho de que Instagram es gratis, y no te cobran nada por hacer uso de la plataforma. Vamos a descubrir cómo utilizar esta red social y también cómo puedes vender en Instagran sin que te cueste un centavo.

Marketing en Instagram

Mira la captura de pantalla debajo. Esta es una página de Instagram que pertenece a una mujer llamada Jen Selter. ¿De casualidad sabes quién es? Honestamente, mucha gente no lo sabe. En realidad, y aunque no lo creas, Jen Selter es muy conocida por su trasero. Mucha gente dice que tiene el mejor trasero del mundo. Al momento de escribir esto Jen tiene siete millones de seguidores en Instagram. Hace unos dos años, tenía 1,4 millones y obviamente el número de seguidores ha crecido de manera exponencial. Básicamente todo lo que hace es mostrar fotos de su trasero.

Si vas al sitio web de Jen verás que se ocupa de recoger direcciones de correo electrónico. Ella tiene una base de datos que contiene millones de direcciones de correo electrónico. Estos son los suscriptores que quieren fotos especiales de su trasero. Lo creas o no, esto la ha vuelto increíblemente exitosa. Jen terminó yendo de Instagram a la televisión. En una ocasión le enseñó a Barbara Waters cómo tomar una selfie de su trasero. También ha estado involucrada en otros medios. Por ejemplo, fue presentada en Vanity Fair y en New York Magazine. Además de todo eso ahora Jen tiene una columna de fitness en un periódico importante y es entrenadora de fitness para diversas celebridades.

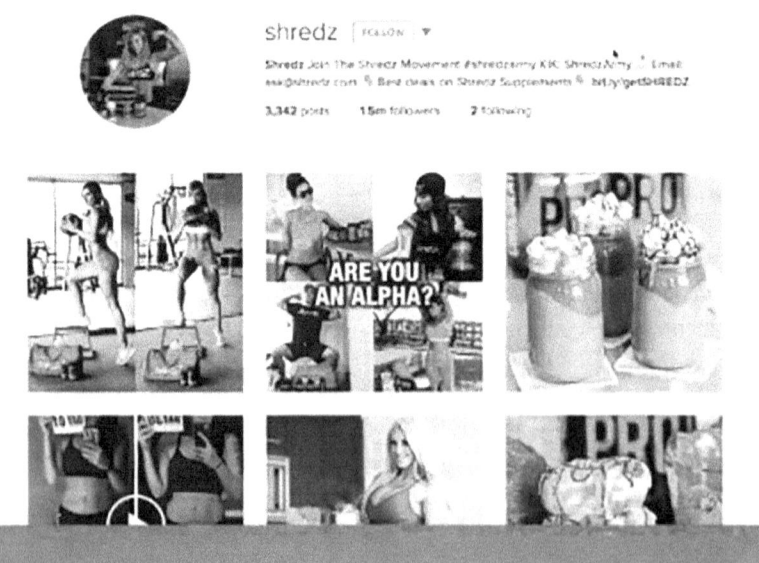

Jen Selter construyó toda una carrera ganando dinero como una celebridad y lo hizo usando cero dólares en marketing. Ahora bien, no te dejes engañar al pensar que tú tienes que tener un trasero perfecto para hacer que esto suceda. Hay muchas maneras en las que puedes construir una audiencia de miles y miles de seguidores y ganar dinero en Instagram. Mira la captura de pantalla de arriba. Esta es la página de Instagram de una compañía llamada Shredz. Tienen más publicaciones que Jen, y poseen 1,5 millones de seguidores.

Shredz vende suplementos dietéticos, y en un período muy corto de tiempo se ha convertido en un negocio multimillonario. Han logrado esto mediante la venta de sus suplementos a través de Instagram. Ahora recuerda, no cuesta nada anunciarse usando Instagram. Todo lo que tenía que hacer esta empresa era reunir seguidores y convertir esos seguidores en fans. Lo que hicieron a continuación fue simplemente convertir a esos fans en compradores.

¿Qué otro lugar te da la posibilidad de construir un negocio de varias cifras sin gastar un centavo en comercialización? La cosa es que casi cualquier negocio que intenta utilizar Instagram para la comercialización y descifra el código secreto que no muchos conocen se han convertido en un gran éxito. Como lo mencioné anteriormente, los políticos lo están utilizando ahora mismo, y lo están usando porque cientos de millones de personas están visitando Instagram cada día.

Harlan dice que el dueño de un gimnasio cerca de su casa ha duplicado su negocio gracias a Instagram. Dado que muchas de las personas que estén leyendo esto posiblemente tienen negocios locales, vamos a repasar esa estrategia.

El dueño del gimnasio encuentra personas que están siguiendo gimnasios rivales en la zona y los sigue. La mayoría de esas personas lo siguen y luego siguen su feed. En un tiempo muy corto estas personas encuentran sus ofertas especiales y visitan su gimnasio. Como resultado, sus clases están siempre llenas y las personas son rechazadas pues ya no hay más cupo.

Duplicar tu negocio con costo de marketing cero es una manera increíble de hacer negocios. Este dueño de gimnasio utilizó Facebook para ayudar a crecer su negocio y llegar a donde estaba, pero aún más rápido que usar Facebook fue el éxito que tuvo con Instagram. Parte de la razón de su éxito fue que él apuntó a los fans adecuadamente.

Ahora tomemos un momento para aprender un poco más sobre Instagram. Si no sabes mucho sobre esta red social seguramente has notado que el nombre se puede dividir en dos partes. Primero está 'Insta', que es una referencia a algo que es 'Instantáneo'. Luego, 'Gram', que refleja el término 'Telegram'.

Los telegramas se usaban hasta hace unos 20 años atrás para enviar una notificación instantánea. Hoy en día Instagram ofrece una forma divertida y rápida de compartir con tus seguidores.

La razón por la que Instagram es una gran plataforma como para invertir tiempo es porque produce negocios reales. Esto significa que tus posibles clientes comenzarán a conocerte, saber de ti y confiar en tu negocio. Hay gran posibilidad de que cuando hagan una conexión con tu empresa esto se traduzca en ventas. Instagram es una aplicación móvil gratuita para Apple, Android y dispositivos Blackberry. En otras palabras, es principalmente móvil. Virtualmente todos los usos de Instagram son vía móvil.

Hay aplicaciones que se están mejorando constantemente, y hay otras aplicaciones que puedes utilizar para hacer Instagram más fácil y que te rinda más, como veremos más adelante. Hay incluso maneras de usar Instagram desde tu escritorio.

Sin embargo, el hecho sigue siendo que la forma más fácil y más fiable de usar Instagram es desde tu dispositivo móvil. Hay un par de advertencias que Harlan proporciona referente a esto y es que algo importante a tener en cuenta es que debes configurar tu cuenta correctamente para poder utilizarla para ganar dinero.

Si lo haces de la manera en que Instagram te lo sugiere, es muy probable que no vayas a tener éxito. Lo que tú quieres es construir relaciones encaminadas en Instagram, así que no debes seguir a todos y cada uno. Querrás tener una cuenta para tu negocio, y sólo deseas seguir a la gente en esa cuenta que estaría interesado específicamente en tu producto o servicio. Según Harlan no es como Twitter solía ser, donde la meta era tener el mayor número de seguidores posible. Este sistema se trata de construir el tipo correcto de relaciones.

Cuando abras la aplicación Instagram no te registres para obtener una cuenta hasta que conozcas la forma correcta de hacerlo. Vas a ver algunos botones. El primero será el 'Feed', que es el ícono de tu casa. Incluye las imágenes cargadas por las personas que estás siguiendo. Tú aparecerás en el icono de inicio cuando otros te sigan. También encontrarás un área titulada 'Explore'. Esto te muestra mensajes de personas que no te siguen. Sin embargo, puedes utilizarlo para orientar a las personas a que te sigan.

La función 'Compartir' es lo que te permite crear tu propio 'instagram'. Se abre la cámara y puedes tomar fotos para publicarlas en Instagram casi al instante. También te ofrece la opción de subir tus propias fotos, aquellas que tengas en la galería de tu teléfono móvil. La plataforma también te ofrece 20 filtros y herramientas de personalización que puedes usar para editar tus fotos y hacerlas destacar aún más.

A continuación hay "Noticias", esta es la sección que muestra actualizaciones para tu cuenta. Por ejemplo, puedes ver quién te está siguiendo o quién te ha seguido. Por último pero no menos importante, hay una sección denominada "Cuenta". De hecho esta área es transcendental, porque aquí es donde se edita tu perfil, y tener tu perfil configurado correctamente es lo que te va a generar ingresos.

Cuando te conectas en Instagram tu perfil es la pieza más valiosa de bienes raíces en esa red social. Necesitas entender que el marketing por Instagram es más sutil. No es un tipo de marketing "directo a tu cara". La forma en que esto funciona es que alguien se interesa por ti y quiere desarrollar una relación contigo, así que te echa un vistazo. En otras palabras, la gente tiene que comprobar quién eres primero, pero cuando lo hacen ya están muy motivados debido al contenido que ven en tu perfil.

Volviendo a la sección "Cuenta", allí es donde agregas el URL de tu sitio Web o tu oferta de afiliado. Siempre y cuando lo que estás vendiendo es legal, puedes usar Instagram para venderlo.

Cómo sobresalir en Instagram

A continuación algunos consejos sobre cómo distinguirse en Instagram. En primer lugar, deberías diseñar una poderosa biografía que haga que la gente quiera conocer más de ti. La clave de esto es tener las palabras clave adecuadas para llegar a ellos. También debes conocer los hashtags correctos para tus seguidores ideales y saber utilizar hashtags personalizados para tu negocio. También necesitarás constantemente comentar y relacionarte con la gente. Interactúa con otros y los otros interactuarán contigo. También es importante que seas genuino cuando lo haces.

Te recomiendo que seas auténtico y que publiques nuevo contenido regularmente. Las publicaciones diarias harán crecer tu negocio rápidamente, y a la hora de publicar contenido existen herramientas que puedes utilizar que te ayudarán a que tu negocio prospere con muy poco esfuerzo de tu parte.

Para ser efectivo en captar tu audiencia debes utilizar altos estándares visuales para tus fotos. Además ten en cuenta que si tienes una empresa local, puedes geo-etiquetar tus publicaciones. Esta es la mejor manera de que la gente te encuentre. Si no tienes un negocio con local entonces no te conviene, ya que la gente podría conocer la ubicación exacta de tu casa. Una vez más, debes ser real y humano, porque la gente querrá conectarse con tu persona primero y luego con tu negocio. Otra idea y algo que he usado con mucho éxito es formar alianzas para luego tener eventos en los cuales se puedan regalar productos, descuentos y publicar ofertas sobre los servicios que ofreces. Los concursos y regalos pueden ayudarte a hacer crecer tu lista a velocidad de la luz. Este tipo de eventos funcionan realmente muy bien en Instagram.

Recuerda que siempre debes usar un llamado a la acción (en inglés Call To Action, CTA). Dile a la gente lo que quieres que ellos hagan. Las cosas que puedes decirles que hagan sería dejar un "me gusta", publicar un comentario o etiquetar a un amigo. En Facebook, por ejemplo, antes tenías que hacer lo mismo: decirle a la gente que comente y deje un "me gusta", pero a medida que la gente se familiarizaba con esa red social, ya no era necesario pedir que lo hagan porque lo hacían instintivamente. La cosa con Instagram es que todavía tienes que pedirle a la gente lo que quieres que ellos hagan.

También debes enviar mensajes directos a las personas con las que has establecido una conversación y hacer todo lo posible para mantener su atención. Si has mantenido un ida y vuelta con ellos un par de veces puedes hacerles saber que estás teniendo una oferta especial o que tienes un nuevo producto para la venta. Las personas con las que tienes una conversación seguramente ya te han consultado porque están interesadas en ti y lo que tienes para ofrecer.

Uno de los grandes problemas que experimentan la mayoría de las personas con Instagram se produce porque no son lo suficientemente selectivos sobre lo que publican. Publican demasiada basura. La curación fue lo que hizo que el sitio web DogingtonPost trepara a la cima de Google y se convirtiera en uno de los sitios de autoridad de su nicho.

Ahora bien, ¿qué es la "curación" (en inglés curation)? La curación es un término muy simple que significa simple y llanamente selección. Harlan y su equipo seleccionan cuidadosamente lo que publican diariamente en el DogingtonPost. Sus lectores saben que si se produce alguna noticia que involucre a un perro ellos lo van a publicar, y saben que no se perderán noticia alguna sobre lo concerniente al mundo perruno.

Harlan y su equipo reciben docenas de comunicados de prensa todos los días, y hay una gran parte de ellos que nunca publican porque casi nunca son noticias importantes. Esta gente le escribe a su equipo y le pregunta por qué nunca publican sus comunicados de prensa. Por lo general sus comunicados son simples anuncios de productos que en realidad no son importantes para la audiencia del sitio web de Harlan. Él sabe que la gente no visita el DogingtonPost para enterarse sobre nuevos productos.

"Si tienen una nueva correa que brilla en la oscuridad o un nuevo juego para entretener a sus mascotas nos alegramos por ustedes, pero no es relevante para nosotros", les escribe Harlan. Cuando seleccionas la información que publicas tu audiencia sabe que puede confiar en ti para obtener información sólida sobre su tópico de interés. Por cierto, hay actualmente una oferta de 7 cifras para comprar el DogingtonPost, pero Harlan dice que no es suficiente. De todos modos, el punto es que la curación, si se hace bien, logra que tus seguidores valoren el contenido porque saben qué esperar de ti.

Cuando combinas el poder de Instagram con el poder de la curación tienes factores de crecimiento exponencial que te dan la capacidad de llegar a la gente rápidamente, y que te permiten apuntar a las personas adecuadas. Además esto te permite comprometerte con ellos de una manera mucho mejor. Todo esto hace que generes una reputación por la cual la gente te buscará y te comprará lo que sea que estés ofreciendo.

Es por esta razón que Harlan ha creado un curso intensivo que complementa esta estrategia, llamado Instacuration.

Instacuration es un curso de seis semanas que enseña cómo vender en Instagram. En primer lugar Harlan va a mostrarte la forma correcta de abrir una cuenta en Instagram, pero no es lo que piensas. En este curso aprenderás cómo hacer estas cosas de la manera correcta. Es perfectamente legal tener varias cuentas en Instagram, pero no debes hacerlo como Instagram quiere que lo hagas. Tienes que usar la puerta trasera.

También vas a aprender la forma correcta de configurar tu perfil para poder venderlo a los demás. Descubrirás, por ejemplo, qué escribir cuando tengas que crear la biografía de tu empresa para hacer que la gente quiera conocerte. Además de eso aprenderás lo que debes publicar y lo que debes decir en todos tus mensajes. Probablemente lo más importante, vas a aprender cómo orientar a la gente para que te siga en Instagram. Esto es absolutamente crucial. Recuerda que uno de tus objetivos es tratar con personas que quieren comprar tus productos o servicios.

Hay muchas otras cosas que puedes aprender, como por ejemplo cómo descubrir personas que estén interesadas en tu nicho y conectar con ellos, cómo promocionar tu marca en Instagram con hashtags poderosos, la manera correcta de vender en Instagram, cómo asociarse con otros, cómo obtener las fotos adecuadas para vender y mucho más.

Además verás la conexión entre Facebook e Instagram que puede llevar tu negocio todavía más lejos. Normalmente a Facebook no le gusta cuando publicas desde otras plataformas de medios sociales. Por ejemplo, digamos que publicas en Twitter y tus publicaciones automáticamente aparecen en Facebook. La realidad es que a Facebook no le gusta mucho eso, y no muestran ese tipo de mensajes muy a menudo. Esto es sobre todo porque a Facebook no le gusta cuando la gente utiliza herramientas de terceros para publicar. Sin embargo, cuando publicas en Instagram y esa misma publicación se hace visible en Facebook, a Facebook le encanta. ¿Por qué se da eso? Es porque Facebook posee Instagram. Ellos vieron el potencial en Instagram y un buen día desembolsaron miles de millones de dólares para adquirirlo.

Según Harlan, Facebook deseaba apropiarse tanto de Instagram que gastaron la mitad del dinero que tenían en ese momento para comprarlo. Eso es lo mucho que creyeron en la plataforma. Ahora que Facebook posee Instagram están bajo presión de Wall Street para monetizarlo, pero hasta el momento Instagram no ha sido monetizado. La plataforma acaba de abrirse para publicidad, pero está abierta sólo a las personas que tienen una cuenta de API de Facebook. Eso significa que sólo las agencias más grandes tienen esa capacidad ahora mismo.

En sólo un par de meses Facebook estará abriendo publicidad en Instagram.

Harlan afirma que esto va a ser como la fiebre del oro otra vez. Si estás listo y tienes seguidores en Instagram a tiempo para la temporada de Navidad, Facebook se convertirá en Santa Claus y te asegurarás de tener una Feliz Navidad.

Si este sistema es de tu interés, puedes aprender más y convertirte en un experto visitando Instacuration: http://geni.us/instacuration

Además me gustaría mencionar dos productos relacionados que son excelentes para hacer un marketing de impacto en Instagram. El primero es creación de Luke Maguire, un australiano conocido por sus videos de entrenamiento que ha ganado muchísimo dinero solo con esta red social.

Él comparte su sistema para que puedas conseguir cientos de miles de fans orgánicos a tus cuentas desde tu computadora en piloto automático. Él diseñó una poderosa solución para encontrar, editar, subir, programar y monetizar el contenido viral a tus cuentas de Instagram y tiene pruebas de cómo lo hace.

Su software se llama Instamate. http://geni.us/instamate

Otra magnífica herramienta que tiene que ver con esta red social es un software que te ayuda a encontrar el target de personas que necesitas según tu nicho de mercado. Antes de esta herramienta la orientación de intersección y exclusión sólo estaban disponibles para los anunciantes de gama alta y los socios de marketing de Facebook Select. Ahora esto y más es posible con Social Interest Freak: http://geni.us/socialfreak

Con solo ver las páginas arriba conocerás muchos testimonios y casos reales de personas que ya están monetizando sus esfuerzos usando esta red social que hoy en día está creciendo a pasos agigantados. Espero que estas herramientas sean de ayuda en tus esfuerzos por conseguir la independencia financiera.

*****

6
Cómo Generar Clientes Potenciales en Piloto Automático

Estás a punto de aprender sobre una oportunidad diferente a cualquier otro negocio que hayas visto antes. La información que se encuentra en este capítulo fue compartida originalmente por Daven Michaels, quien es un autor de bestsellers del New York Times y un veterano de negocios de 30 años.

Tal vez sepas quién es Daven Michaels, pero si no lo conoces puedes aprender un poco sobre él revisando la información en la captura de pantalla de arriba. Daven ha trabajado por cuenta propia durante casi 30 años, y él hizo su primer millón a la edad de 25. Hoy en día es el fundador y CEO de 1-2-3 Employee.

Esta es una de las empresas de tercerización (outsourcing) de más rápido crecimiento en las Filipinas. Tienen cientos de empleados y trabajan con empresarios de todo el mundo. Esta empresa, 1-2-3 Employee, se ocupa de básicamente todo el trabajo generado en tu negocio, todo, desde atender el teléfono a publicar en redes sociales y realizar el marketing por Internet. Es decir que ellos se ocupan del tipo de cosas que nosotros como empresarios ocupados no tenemos tiempo de hacer.

La misión de 1-2-3 Employee es rescatar a aquellos empresarios que malgastan su tiempo. Además de todo el funcionamiento de esta empresa, Daven es un orador internacional. Habla en conferencias y seminarios alrededor de todo el mundo, además de haber escrito libros que fueron los mejores vendidos de la lista del New York Times.

Durante muchos años también fue el mayor productor de música electrónica en Estados Unidos. Solía hacer fiestas para 15.000 a 20.000 personas por noche. Dado que tenía una base de fans integrada, Daven tuvo una corta carrera como artista de grabación, pero tuvo una carrera muy larga y exitosa como productor de música y televisión. Ha trabajado con algunas de las bandas más grandes del mundo como Black Eyed Peas y Coolio.

Daven dice que después de todos estos años de duro trabajo finalmente puede vivir su sueño. Hasta los 20 años de edad nunca llegó a viajar fuera de los Estados Unidos, y ni siquiera soñó que tendría la vida que tiene hoy. Hoy en día viaja por todo el mundo, pasa el rato con personas de ideas afines y tiene grandes aventuras con la gente que más ama. Él cree que ha sido capaz de vivir esta vida porque ha sido capaz de dominar un solo aspecto fundamental de su negocio, y ese es el generar tráfico.

Cuando era más joven compraba tráfico a Overture. Si tienes más de 10 años en el marketing online entonces sabes que era en esa empresa donde la gente compraba tráfico antes de que Google existiera.

Daven tuvo la suerte de tener un mentor que le enseñó cómo hacerlo, y debido a lo que aprendió desde el principio, cada vez que inicia un negocio obtiene un mar de gente que entra por la puerta principal.

Daven y su equipo siempre están desarrollando nuevos programas y tutoriales en torno a la generación de posibles clientes. Como bien sabes a esta altura, si tienes un negocio o estás pensando en comenzar uno, obtener clientes calificados es la razón principal de cualquier emprendimiento. En otras palabras, si puedes generar una cantidad masiva de clientes potenciales bien podrás tener éxito en cualquier negocio que emprendas.

Daven y su equipo han pasado años desarrollando una plataforma innovadora que literalmente les permite aprovechar una base de datos de 300.000.000 personas. Personalmente nunca he visto algo como esto antes.

Si has estado batallando para encontrar clientes potenciales para tu negocio (desde encontrar a gente que requiera posicionamiento en la web, rediseñar un sitio de e-commerce o crear un diseño responsivo para dispositivos móviles), esto puede abrir un nuevo mundo de oportunidades para ti.

Daven dice que siempre le pregunta a los empresarios: "¿Cuál es el mayor desafío que enfrentas en tu negocio hoy en día?" Siempre recibe un montón de respuestas diferentes, pero la mayoría se reduce a dos cosas principales: la necesidad de tiempo y la necesidad de conseguir clientes potenciales. Daven literalmente tiene una misión: mostrar a los empresarios cómo generar una gran cantidad de clientes potenciales para sus negocios, porque se dio cuenta de que si puede enviar toneladas de clientes potenciales a sus estudiantes, eso les ahorrará el tiempo que tanto necesitan.

A lo largo de este capítulo vas a aprender algunas verdades sobre el tráfico web y por qué la mayoría de la gente está gastando más de lo que están ganando cuando se trata de este tema. En esta sección vas a descubrir cómo puedes generar posibles clientes gratis, dirigiéndolos a tu oferta sin gastos de publicidad. También descubrirás cómo puedes encontrar prospectos en piloto automático y contactar con ellos sin que ello te quite algo de tu valioso tiempo. Seamos realistas, tú debes centrarte en el crecimiento de tu negocio y divertirte más al hacerlo. No puedes estar atado a las tareas menores, tienes que concentrarte en el panorama general.

Si sabes algo de negocios en Internet, sabes que el tamaño y la calidad importan mucho cuando se trata de una lista de clientes. Una base de datos decente es muy importante para cualquier negocio. ¿Estarías de acuerdo en que una lista de 100.000 personas sería un activo muy importante para cualquier empresa? Daven dice que fue cuando llegaron a 40.000 que las cosas realmente comenzaron a cambiar en su negocio. Fue entonces cuando las cosas comenzaron a crecer, y no de manera exponencial, sino en gran medida. Él dice que fue realmente cuando llegaron a 100.000 personas que su negocio despegó.

¿Por qué es importante tener una lista grande? Mucha gente diría que es porque "el dinero está en la lista", como se dice por ahí, pero Daven cree que la verdadera razón es porque esto abre la puerta para más oportunidades de proyectos conjuntos (en inglés joint venture, JV). La compañía de Daven tiene miles de afiliados que comercializan sus servicios y que pueden enviar varias ofertas a su lista cada año. También tiene socios de joint venture (JV), que son afiliados también, pero se llaman socios de JV porque están en primer lugar para Daven y su equipo. Ellos trabajan con cientos de empresas mixtas, y muchos de ellos pueden enviarle cientos de miles de clientes potenciales en cuestión de horas.

Daven dice que cuando piensa en la comercialización de su lista piensa en tres cosas, y en este orden:

- Valor
- Reciprocidad
- Dinero

Cuando alguien viene a Daven y le propone algo así: "voy a enviar un mail masivo a mi lista si tú también lo haces por mí", la primera cosa que les pregunta es "¿Cuál es el tamaño de tu lista?" Si es de 10.000 o menos, probablemente dirá que no. Y lo hace así porque el valor es lo más importante para él. A pesar de que tiene miles de personas en su lista, Daven comparte con ellos solo si hay algo increíblemente valioso que comunicar, de lo contrario no lo hace. El segundo de los criterios es la reciprocidad. Él realmente quiere enviar un mail masivo para alguien que tiene una lista enorme para que también pueda beneficiarle a él. Esto le daría la capacidad de hacer crecer exponencialmente su lista.

El tercer criterio es el dinero. La consecuencia a largo plazo de tener una gran lista serán grandes ingresos que fluyan en los próximos años.

Digamos que has estado trabajando en la generación de una lista, y ahora tienes alrededor de 40.000 o 50.000 personas en ella. Si vinieras con Daven y le sugirieras hacer una promoción, probablemente te diría que sí. Esa es la clave para tener una lista grande. Tener una lista grande te permitirá jugar con socios más grandes y seguir aumentando la cantidad de personas inscriptas de manera exponencial.

¿Qué pasaría si tuvieras 100.000.000 de personas en tu lista? ¿Cómo afectaría esto a tu negocio? De hecho, ¿qué pasaría si tu base de datos (CRM) tuviera 300.000.000 de personas? ¿Te alcanzaría para tu negocio? Apuesto a que sí. Por cierto, CRM significa "Contact Relations Manager". Se trata de un software como Infusionsoft o 1ShoppingCart.com. Salesforce sería otro ejemplo.

¿Qué pasa si la gente comienza a registrarse en tu CRM y de pronto tienes 300.000.000 de personas en tu base de datos? Eso sería enorme.

¿Y cómo podrías lograr esto para tu negocio? Muy bien, estás a punto de aprender exactamente cómo puedes aprovechar una base de datos de 300.000.000 personas. Como de seguro ya lo sabes, el promedio de la industria indica que un buen cliente promedio vale alrededor de $1 dólar por mes. Tal vez esto sea cierto para algunos, pero Daven ha encontrado que en su negocio, un cliente de calidad vale alrededor de $0.50 centavos al mes. Incluso a esa tasa, aprender a aprovechar una base de datos de 300 millones, a 50 centavos de dólar por cliente podría bien valer la pena una inversión de algo de tiempo. Dicho esto, la información que se encuentra aquí te será de ayuda si:

- Ya tienes un negocio existente (productos o servicios)
- Estás pensando en comenzar un negocio
- Estás en marketing/ventas y representas a un negocio

Los fundamentos para generar tráfico de calidad

Si actualmente tienes un negocio, entonces sabes que el mayor desafío para cualquier negocio es conseguir clientes. Si dominas este tema vas a generar buenos negocios. De hecho, si puedes dominar esto vas a tener éxito masivo en todos los negocios que puedas llegar a crear.

Pero repasemos brevemente los problemas fundamentales que tienen aquellos que se dedican al marketing online. Más del 91% de las personas que Daven y su equipo han encuestado dijeron que se sentían confundidos acerca del marketing online. Es probable que tú te sientas también de la misma manera, ya que la mayoría de los encuestados eran empresarios. El hecho en cuestión es que es fácil sentirse de esa manera porque los medios de comunicación social y el marketing en línea están cambiando constantemente, y es casi imposible para cualquier persona mantenerse al día en todas esas áreas.

La mayoría de la gente que el equipo de Daven encuestó dijo que no tenía suficiente tráfico visitando su blog o sitio web, y muchos de ellos también dijeron que no tenían un sistema para captar clientes, es decir que no tenían ni tampoco estaban generando una base de datos de clientes potenciales. Además de eso también confesaron que tenían algunas restricciones financieras. En otras palabras, no tenían mucho dinero para gastar en generar tráfico. No es de extrañar que muchas de estas personas dijeran que se sentían abrumadas.

Otro gran problema es la falta de tiempo. Muchas de las personas que fueron encuestadas no tenían tiempo de aprender e implementar las tácticas necesarias para aumentar el tráfico. El resultado de todos estos problemas es una baja conversión en las ventas. Seamos sinceros: si no generas ventas no tienes un negocio. Si estos son los tipos de problemas que enfrentas día a día es probable que tu negocio sea inconsistente y te encuentres batallando, y tal vez te sientas estresado y frustrado con todo esto.

Daven tiene una misión el día de hoy, y es la de resolver esa "tragedia con respecto al tráfico", y aquí está lo que él ha aprendido con el correr de los años:

- La creación de una base de datos (List Building) no es tan fácil como muchos te lo quieren hacer creer
- El tráfico pagado funciona sólo cuando lo haces bien (y requiere bastante tiempo para aprender las diferentes variables)

- Las redes sociales pueden llegar a ser una enorme pérdida de tiempo y dinero si no sabes qué estrategia implementar
- Necesitas un equipo de marketing dedicado
- Ocúpate en hacer que la gente se sienta especial cuando está alrededor tuyo

Con respecto a las redes sociales, cada minuto de cada día la gente está publicando acerca de sus problemas, necesidades y deseos, los cuales tu producto o servicio podría ser de mucha ayuda para ellos. Imagínate si pudieras encontrar una manera de aprovechar esa charla, los resultados podrían ser enormes. ¿Qué pasaría si pudieras encontrar fácilmente estas conversaciones? ¿Qué pasaría si pudieras beneficiarte de una base de datos de 300 millones de personas?

Según Daven esa base de datos es el mismo Twitter, y dice que no importa:

- Si no tienes una cuenta de Twitter
- Si no tienes seguidores
- Si no publicas en redes sociales
- Si no eres experto en tecnología

Independientemente de todos estos problemas todavía puedes tener una base de datos de 300 millones de personas. En primer lugar es importante que eliminemos algunos de los mitos comunes sobre Twitter. El primero es que la gente dice que Twitter es "vieja escuela" y ya nadie lo está usando. Ese no es el caso en absoluto. Como se ha dicho, hay más de 300 millones de usuarios activos en Twitter. Se trata de un motor de búsqueda potente, y cuando se trata de lo que la gente está hablando en las redes sociales es mucho más poderoso que Google. Los usuarios activos incluyen:

- CEO's
- Ejecutivos
- Líderes de Negocios y Emprendedores
- POI (Personas de Influencia)
- Los clientes que necesitas para tu negocio

Piensa en Twitter como un poderoso CRM. El segundo mito común a ignorar es que necesitas un gran número de seguidores para aprovechar Twitter como un medio para la comercialización de los productos o servicios de tu negocio. Eso no es cierto, y de hecho, estás a punto de aprender cómo puedes aprovechar esta gran base de datos para generar tráfico, incluso si no tienes seguidores de Twitter. De hecho si no tienes una cuenta de Twitter puedes crear una hoy mismo y empezar a utilizar esta estrategia de inmediato.

¿Sabías que se publican 50.000.000 (50 millones) de tweets al día en Twitter? Muchos de estos mensajes contienen palabras clave que se relacionan con tu negocio. Toma en cuenta que estos datos pueden ser geográficos, y recuerda que tienes la posibilidad de responder a cualquier tweet. No tienes que tener seguidores. Ahora bien, tómate un momento para examinar cada uno de los nombres a continuación. ¿Qué podríamos decir acerca de los seguidores de cada uno de estos individuos?:

- Richard Branson, Anthony Robbins
- Kayla Itsines, Cassey Ho, Marion Nestlé, Gwyneth Paltrow
- Gary Vaynerchuk, Frank Kern, Ryan Deiss

Por ejemplo, ¿cuáles serían los intereses de las personas que actualmente siguen a Richard Branson y/o Anthony Robbins? ¿Cuáles serían los rasgos comunes de las personas que siguen a Kayla Itsines, Cassey Ho, Marion Nestlé y Gwyneth Paltrow? ¿Qué hay de aquellos interesados en lo que Gary Vaynerchuk, Frank Kern y Ryan Deiss tengan para decir? Para que te des una idea, la gente que sigue a Richard Branson y Anthony Robbins son generalmente:

- Empresarios
- Interesados en el desarrollo personal
- Orientados al éxito

Los seguidores de Kayla Itsines, Cassey Ho, Marion Nestlé y Gwyneth Paltrow suelen tener los siguientes rasgos e intereses:

- Mujeres
- Fitness
- Pérdida de peso

Finalmente, los seguidores de Gary Vaynerchuk, Frank Kern y Ryan Deiss son en su mayoría:

- Empresarios o emprendedores aspirantes
- Interesados en Marketing
- Buscadores de oportunidades / vendedores online

Otra manera en que puedes encontrar a clientes es a través del bio-filtrado. Por ejemplo, como Daven es un autor y orador, si fueras a su perfil en Twitter verías que las palabras autor y orador están en su bio de 150 caracteres dentro de esa plataforma social.

Obviamente, si hicieras una búsqueda de autores y oradores, su nombre aparecería en la lista, al igual que los nombres de miles de otros autores y oradores, así como los nombres de aquellos que aspiran a serlo. Eso es biofiltrado, y aquí están los pasos:

Paso 1: Buscar
Seguidores de Personas de Influencia
Vía Tweets

Paso 2: Involucrarse
Poner "Me gusta"
Seguir
Responder
Mencionar
Mensajes directos

Paso 3: Invitar
Blog
Página de Venta
Sitio web

El primer paso es encontrar personas de influencia, y a través de ellos encontrar potenciales clientes para tu negocio. También puedes buscarlos por tweets. Una vez que hayas identificado a tus clientes potenciales puedes interactuar con ellos de alguna manera, como por ejemplo responder, seguir o enviarles un mensaje directo. Después de eso vas a invitar a las personas con las que has interactuado a visitar tu blog, página de ventas o sitio web.

Sé que suena muy bonito, pero hay un problema con este sistema, y es que no hay suficiente tiempo para hacer todo esto. ¿Quién tiene tiempo para sentarse alrededor, twittear y estar enviando mensajes directos a diferentes personas todo el día? Hacer esto manualmente no sólo requiere mucho tiempo, sino que es caro.

¿Qué pasaría si hubiera una solución para esto? ¿Qué pasaría si tuvieras acceso a una plataforma fácil de usar y de gran alcance que te proporcione tráfico automático para ayudarte a conseguir más clientes? Esa solución se llama Social Sonic. Este es el primer CRM de medios sociales del mundo. Daven y su equipo han pasado más de un año desarrollando esto, y lo que estás a punto de ver es muy innovador.

Social Sonic te permite encontrar prospectos basados en sus conversaciones.

También puedes encontrar clientes según a quién están siguiendo ellos. Además puedes encontrarlos a través de tu propia lista de seguidores, pero si no tienes una lista de seguidores no importa.

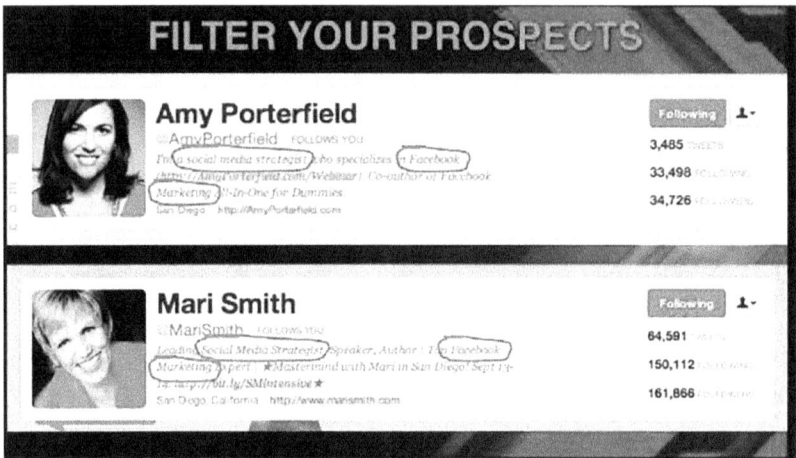

Mira la captura de pantalla de arriba por un momento. Como puedes ver, estas dos personas tienen ciertas palabras clave en su bios para que puedes conocerlas un poco más. Ambas mujeres son estrategas de medios sociales, y por lo tanto, este título está en su biografía. También tienen las palabras "Facebook" y "Marketing" en ese espacio.

Esta es una fantástica manera de encontrar personas que pueden llegar a estar interesadas en lo que estás vendiendo. Después de haber identificado a tus clientes potenciales, Social Sonic te permitirá contactarte con ellos hasta que te digan que quieren más información o sean redirigidos a un blog, página de ventas, o algún lugar donde pueden hacer su compra. Ahora que conoces los fundamentos, vamos a echar un vistazo a cómo puedes utilizar este sistema.

En este momento hay varias maneras de generar clientes potenciales con Social Sonic, pero una de las mejores formas es la búsqueda por palabra clave. Aunque puedes poner un máximo de 10 palabras clave, mientras menos palabras clave utilices más enfocados serán tus resultados. En la captura de pantalla de arriba se han introducido los términos "ofertas calientes", "vestidos de marca", "comprar ahora" y "joyas vintage". Eso es porque este cliente quería encontrar sitios web de comercio electrónico. Después de introducir estas palabras se continúa haciendo clic en "Twitter CRM".

Esto generará una búsqueda en perfiles de millones de personas a las cuales puedes echar un vistazo. Puedes dejarlo allí y volver luego para ver los resultados, o si lo configuras y tienes Twitter en tu teléfono, como la mayoría de la gente, recibirás una notificación. Después de aproximadamente una hora, Social Sonic comenzará a seguirlas. A estas alturas los posibles clientes ya han visto tu perfil y lo más probable es que decidan ser tus seguidores. En el instante mismo en que comienzan a seguirte (o luego de un par de horas o días, como tú lo configures) comenzarán a recibir una secuencia de mensajes directos. Es bueno destacar que este tipo de mensajes no están limitados por ninguna cantidad de caracteres. Puedes tener mensajes largos, incluir links, etc. Por ejemplo, el primer mensaje en la secuencia de Daven se enviará después de unos 15 minutos. Dice así: "Hey, qué bueno que podemos estar en contacto. Trabajo con propietarios de sitios web de comercio electrónico para aumentar sus ingresos optimizando la experiencia del usuario. Aquí hay una lista de 25 sitios web de comercio electrónico que aumentaron sus ventas en un promedio del 5% utilizando nuestros servicios: (Link)".

Estos mensajes seguirán siendo enviados durante los próximos días hasta que se les envíe un llamado a la acción (CTA) que permite a los prospectos saber cómo aprovechar los servicios que tú ofreces.

Caso de Estudio: Bruce Mack

Tal vez te puedas estar preguntando por qué algo como esto nunca se ha hecho antes, y eso es porque esta tecnología no ha existido hasta ahora. Este sistema fue probado por una serie de diferentes beta testers. Estos son empresarios como tú que están tratando de hacer crecer sus propios negocios.

Tenían una gran necesidad de obtener nuevos clientes, y querían que los clientes entraran por la puerta de entrada.

Bruce Mack era una de esas personas. Su foto se muestra arriba. Posee una compañía llamada The Platinum Savings Card. Este programa ofrece una tarjeta de ahorro de descuento que puede ahorrarte decenas de miles de dólares al año en restaurantes, tiendas de comestibles, etc. Bruce estaba tratando de encontrar a los usuarios finales de la tarjeta, así como también aquellos usuarios de marca blanca, los cuales son personas que pondrían su propia marca a las tarjetas con el fin de venderlas o regalarlas a su propia base de datos. Bruce dice: "Soy el dueño de Platinum Savings Card y estamos utilizando Social Sonic para conseguir cientos de clientes potenciales al día. ¡Es absolutamente increíble! Cuando ponemos palabras clave para encontrar usuarios, afiliados y potenciales compradores de marcas blancas, ponemos palabras tales como "descuentos" o "ahorros" o palabras que están en ese género o contexto, y en un par de horas los clientes vienen en masa, como un tren de carga, al lugar exacto para unirse a la conversación, y así podemos conectar con estas personas y presentarles nuestros servicios.

También estamos usando el programa para otro de nuestros servicios, que es nuestro programa de orador/autor. Esto genera clientes para esas personas, y estoy absolutamente asombrado por la cantidad de tracción que estamos recibiendo cuando ponemos palabras como orador y escritor, es una locura. Es como un imán que está funcionando en su pico máximo. Este es un programa absolutamente imprescindible si uno desea generar tráfico masivo".

Social Sonic para desarrolladores de aplicaciones

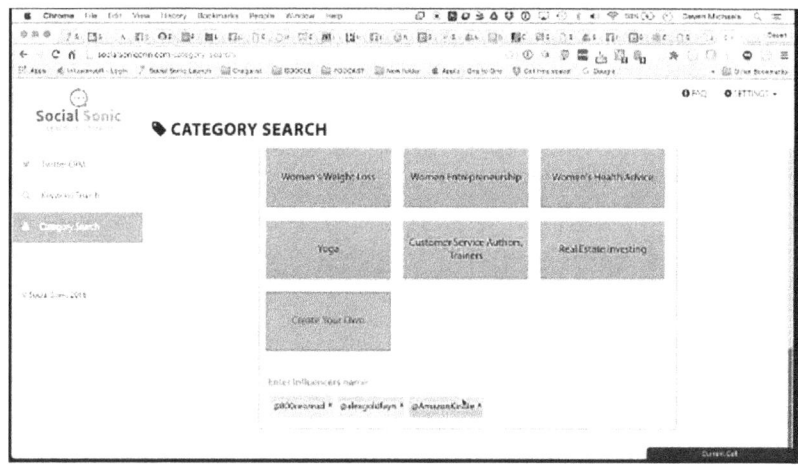

Hay un montón de diferentes maneras de generar clientes potenciales dentro de Social Sonic, y una de ellas es la búsqueda por categorías. Al mirar la captura de pantalla de arriba podrás ver que el equipo ya ha categorizado una serie de nichos populares. Estos incluyen categorías tales como:

- Finanzas personales
- Marketing
- Dominios
- Ejercicio y Fitness
- Etc.

El equipo siempre está agregando más categorías, pero también puedes crear las tuyas propias. En este caso puntual Daven utilizó las categorías de algunos influenciadores clave para hacer esto. Uno fue Paul Graham, que es el creador de Y Combinator. Después de realizar una búsqueda en un número de influenciadores, Daven hizo clic en "Twitter CRM" seguido de "Category Pipeline". Una vez más, el programa devolvió una tonelada de resultados. Cuando obtienes estos resultados puedes notar que no hay ninguna vista de tweet dentro de este tipo de búsqueda, y eso es porque estás siguiendo a personas que están siguiendo a influenciadores clave.

Daven avanzó para seleccionar a algunas personas con las que pensó que querría trabajar haciendo clic en el botón "Iniciar nutrición" debajo de su imagen de perfil. Lo que está sucediendo detrás de escena es que los tweets de la gente están siendo marcados como favoritos. Si estas personas tienen

Twitter en sus teléfonos celulares (lo cual es así en la mayoría de los usuarios), recibirán una notificación en su teléfono. Luego, aproximadamente una hora más tarde, Social Sonic se ocupará de seguirlos por ti, lo que significa que recibirán una notificación una vez más. Estos usuarios probablemente echarán un vistazo a su perfil y de seguro te seguirán, así que después de eso comenzarán a recibir mensajes de tu secuencia de respuesta automática.

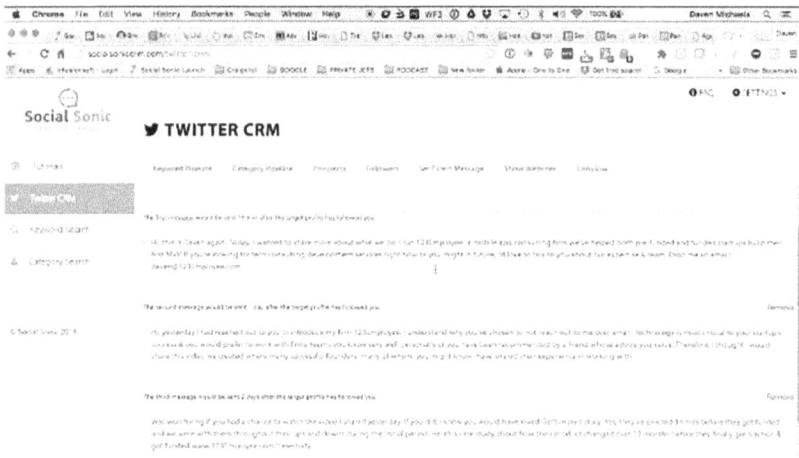

En este caso, el primer mensaje que Daven envía dice algo así: "Hey, qué bueno que podamos estar en contacto. Soy Daven, y dirijo una empresa de consultoría de tecnología boutique. Me encantaría saber más acerca de lo que haces". Este mensaje se envía 15 minutos después de que la persona empieza a seguir a Daven. Un día después, otro mensaje directo se enviará. El propósito de esto es generar interés, así que cada uno de los mensajes incluye una URL en la que pueden hacer clic para obtener más información.

Caso de Estudio: Josh Spoon

Josh es un diseñador web de alta gama. Un cliente puede valer miles, si no decenas de miles de dólares con el tiempo. En otras palabras, cada uno de sus clientes tiene un alto valor de por vida. Esto es lo que Josh tiene que decir con respecto a este método: "Hola, mi nombre es Joshua Spoon y soy dueño de una empresa de desarrollo web. Tengo que contarte sobre esta increíble herramienta que he estado usando. Se llama Social Sonic CRM. Es la mejor herramienta que he usado hasta ahora. Realmente se integra con Twitter y me permite iniciar conversaciones automatizadas con la gente sobre la base de las diferentes palabras clave que he seleccionado. A veces me enfoco en las personas que buscan más información sobre los sitios web públicos, y a veces me enfoco en las personas que buscan hacer crecer su negocio.

Lo que hago personalmente es iniciar estas conversaciones automatizadas con estas personas, y luego de ahí se las paso a mi asistente virtual para que continúe con el proceso. Al final del sistema mi asistente las lleva a una página de presupuesto y cotización de mi página web. Para que te des una idea, cada cotización que recibo es por lo general de más de mil dólares, y eso significa buenos negocios para mí, además que estoy recibiendo toneladas de cotizaciones cada día. No puedo decir más sobre este software. Es asombroso.

Básicamente automatiza la parte de generación de leads de mi negocio. Es la mejor cosa que he probado últimamente".

Josh utiliza los chats, la función de palabras clave y la mensajería directa para hablar con personas que buscan diseño web o desarrollo web. También utiliza bio-filtros, y Daven cree que ha tenido más éxito con eso, porque él ha buscado personas que son vendedores en línea, que tienen ciertos tipos de negocios y que necesitan un desarrollador web. Probablemente cierre uno de varios presupuestos entregados, pero como lo mencioné antes, cada cliente que aterriza frente a él puede valer miles y miles de dólares a largo plazo.

Social Sonic para nuevos usuarios

Si deseas utilizar Social Sonic pero todavía no tienes un negocio, está bien. Puedes crear un número de diferentes empresas en un corto período de tiempo con este programa. Después de todo, el mayor desafío que enfrenta cada empresa es ser capaz de generar clientes potenciales. Por lo tanto, si puedes marcar una diferencia en tu comercialización y crear clientes potenciales para cualquier negocio, eso significa que podrías salir y crear negocios tan a menudo y rápidamente como desees.

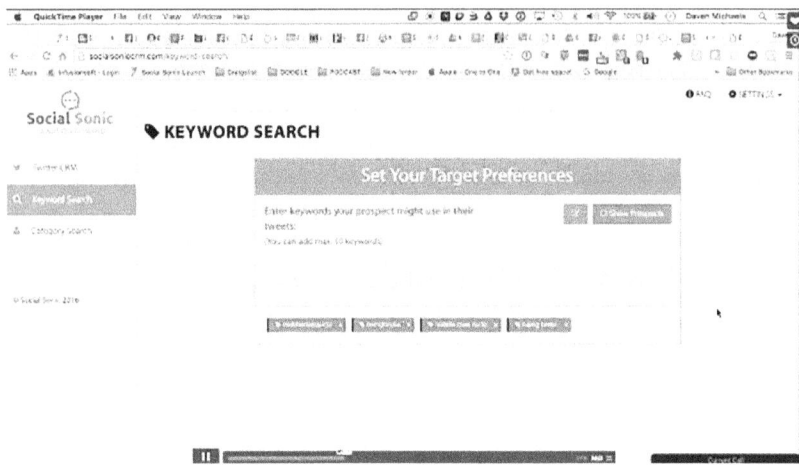

Digamos que estabas buscando otra corriente de ingresos o que querías iniciar un nuevo negocio. Daven pensó en lo que la gente estaría charlando en Twitter, y las palabras clave que se le ocurrió en relación con esto son "la clase media apesta" (middle class sucks), y "estar en bancarrota" (being broke). En la captura de pantalla arriba puedes ver que en algunos casos ha separado esas palabras con un espacio y a veces no.

Dado que Daven está en "modo tweet" puede ver lo que la gente está hablando. Una persona dijo: "Odio estar en bancarrota" y otra persona dijo: "Estar estropeado no trae felicidad o alegría". En este punto uno puede hacer clic en el botón "Iniciar nutrición" para comenzar a conectarse con estos posibles prospectos. Pero si todavía no tienes un negocio, ¿qué haces? Daven recomienda que hagas clic en "Configuración" y luego selecciones "Productos". Cuando llegues a la página de "Productos" verás que Daven y su equipo han precargado el programa con algunos de los más populares productos que se ofrecen en ClickBank.

Lo siguiente que puedes hacer es hacer clic en el enlace "URL de embudo", situado debajo de la imagen que muestra el producto, y se te redirigirá a la página de ventas del producto.

Si hicieras clic en "Enlace promocional" llegarás a un blog que puedes utilizar para promocionar el producto. Encontrarás enlaces con los que la gente puede hacer clic y también imágenes que se pueden hacer clic. Es decir que prácticamente en cualquier lugar que alguien haga clic será llevado a la oferta de Clickbank que has elegido. Sin embargo, esa no es la mejor parte. La mejor parte es que el enlace se crea con una extensión para que cada vez que alguien visite esa página a través de tu enlace para comprar el producto tú obtengas una comisión.

La optimización de tu perfil de Twitter es un elemento clave para utilizar este sistema con éxito. ¿Por qué? Porque lo primero que Social Sonic va a hacer es poner un "me gusta" en el tweet de tu prospecto. En ese momento es muy probable que la persona reciba una notificación y probablemente haga clic para ver tu perfil. Si no lo hacen de inmediato, de seguro lo harán muy pronto, así que debes asegurarte de optimizar tu perfil para que se vea bien.

Afortunadamente es muy fácil optimizar tu perfil. Recuerda que sólo puedes usar 160 caracteres. En cuestión de segundos la gente va a mirar tu perfil y decidir si te siguen o no, así que es muy importante que logres una muy buena primera impresión. Estos son algunos consejos:

- Añade un URL en bio y una en perfil
- Agrega un llamado a la acción (puede ser la propia URL)
- Enlaces a seminarios web/ofertas

Caso de Estudio: Deb Koffler

Daven conoció a Deb Koffler en una cena, a través de un amigo. Deb le contó acerca de sus estudios de actuación en Los Ángeles y Nueva York. Cuando Daven se enteró de eso, pensó que a Deb le gustaría probar Social Sonic, a pesar de que ella no tenía ninguna experiencia con redes sociales. Ni siquiera tenía una cuenta en Twitter.

Esto es lo que Deb tiene que decir: "Hola. Recuerdo que una noche estaba cenando con amigos y de pronto se nos une un tipo a la mesa. Su nombre era Daven y se sienta a mi lado, y comenzó a contarme acerca de este producto de medios sociales que tiene llamado Social Sonic, y que funcionaba con Twitter. Le dije que tengo unos estudios de actuación en Nueva York y en Los Ángeles, y que no había hecho ninguna promoción en medios sociales para mi escuela, lo cual es una vergüenza. Me dijo que funciona y que es súper simple y fácil de usar.

Yo dije, 'Bien. Ya lo intentaré porque tengo que hacerlo'. Lo intenté, puse algunas palabras clave, y casi de inmediato comencé a ver cómo todos estos clientes venían a nosotros. Las ventas aumentaron muchísimo desde esa noche. Daven, te debo una cena. Gracias".

Daven dijo que cuando conoció a Deb sabía que esto funcionaría para ella porque, especialmente en Los Ángeles, hay un montón de actores que hablan todo el día en Twitter, buscando coaching y buscando audiciones. Además de eso, si vas a bio-filtros para Nueva York y Los Ángeles, encontrarás que hay un millón de actores batallando y otros aspirantes a actores buscando oportunidades. Con este sistema es así de rápido encontrar a las personas indicadas.

Fue así que Deb pudo obtener una gran lista de seguidores rápidamente. Su estrategia consistía en enviarles un mensaje e invitarlos a probar una tarde libre en el estudio. Según Daven, alrededor de la mitad de las personas que visitaron la escuela se inscribieron.

Como puedes apreciar, esta es una plataforma potente y fácil de usar para generar tráfico y conseguir clientes potenciales en piloto automático. Daven está abriendo esta oportunidad para nuevos miembros con una oferta muy exclusiva.

Este sistema realmente fue creado para ofrecerlo a las agencias que se dedican a administrar las redes sociales para sus clientes.

Hay un montón de empresas por ahí que administran redes sociales para sus clientes, pero el problema es que no están generando clientes finales. Eso es lo que Social Sonic hace de manera excelente, y como has visto, sabes que obtendrás una enorme base de clientes.

Si deseas saber más de este sistema, ir a:http://geni.us/socialsonic

*****

7
Miles de Visitas con Pinterest

El siguiente método lo aprendí de Jonatan Leger, quien hace más de 15 años se dedica al Internet Marketing. Jon es una persona muy metódica, siempre lo ha sido, y dice que está en su naturaleza el probar, ajustar y seguir probando hasta que finalmente lo consiga.

Sea lo que sea que esté haciendo, mejorando su condición física, aprendiendo a construir lienzos para que su esposa pueda pintar o averiguando cómo generar tráfico e ingresos para sus sitios web, Jon se ha dedicado a estudiar, aprender y probar hasta estar completamente satisfecho con los resultados.

Así que cuando empezó a trabajar con Pinterest el año pasado (2016) y vio que generaba muchísimas visitas y tenía gran potencial para la generación de ingresos, empezó a probar y buscar formas de aprovecharlo más y mejor.

Jon aprendió tres cosas a través de este proceso:

1. Pinterest genera muchas visitas.

2. El tráfico de Pinterest es de alta calidad.

3. El tráfico de Pinterest es más fácil de conseguir que cualquier otra fuente

orgánica (no pagada) que ha usado.

A continuación te mostraré los resultados que Jon ha obtenido, pero primero veamos brevemente de qué se trata esta red social. Después te mostraré el resultado de las pruebas y describiré los métodos que utiliza Jon para generar tráfico y obtener ingresos.

Cómo funciona Pinterest

A pesar de tener más de 100 millones de usuarios activos, Pinterest no es tan popular como Facebook o Twitter en términos de usuarios activos. Una gran parte de eso es porque la gran mayoría de los usuarios de Pinterest están basados en los Estados Unidos. Esta red social (todavía) no ha logrado captar usuarios en otros países como las demás.

Las estadísticas de Jon muestran que el 83% del tráfico generado por Pinterest es de Estados Unidos, 4% de Canadá, 2% del Reino Unido y el 11% final proviene de una variedad de otros países (cada uno de los países proporciona menos del 1% del tráfico total).

Jon es optimista y piensa que Pinterest ganará tracción también en otros países. Es relativamente joven, tiene sólo unos cinco años de edad. Compara eso con Facebook (12 años) y Twitter (10 años), y es fácil ver que Pinterest llegará a ser mucho más global en los próximos cinco años.

La belleza de Pinterest es su sencillez. Lo que haces simplemente es "pin" (publicar) imágenes que te gustan junto con la descripcion de esa imagen, en "tablones" (colecciones de imágenes típicamente relacionadas). Si te gusta lo que un usuario de Pinterest está publicando sigues a ese usuario o simplemente la categoría específica. También puedes invitar a otros usuarios a agregar "pines" a sus tablones. El tráfico se genera cuando las personas hacen clic de la imagen fijada a la página web (URL) asociada a la imagen.

Los nuevos usuarios pueden crear una cuenta de Pinterest en cuestión de segundos. La interfaz es simple, limpia e intuitiva, por lo que es fácil para los usuarios empezar a crear tablones, publicar imágenes y seguir a otros usuarios.

Hasta aquí cómo funciona Pinterest. Vamos a ver entonces lo que se puede lograr con esta red social.

Resultados obtenidos

1. Las Ganancias

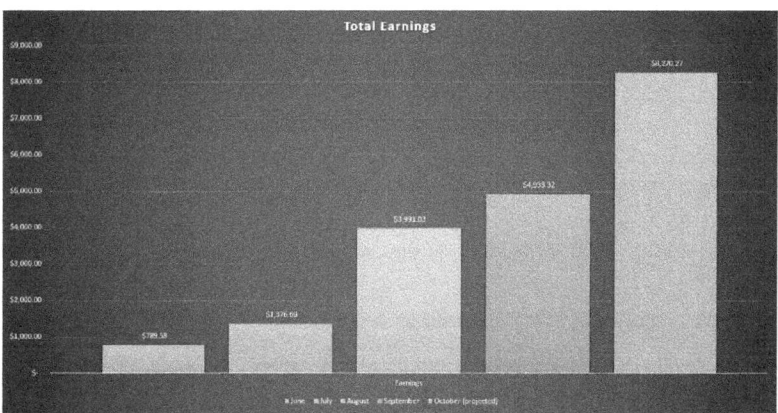

Jon ha utilizado tráfico de Pinterest para generar $10,301.04 dólares en ganancias de julio a septiembre del 2016.

Como se puede ver claramente en el gráfico arriba, el tráfico de Pinterest genera ingresos importantes. La razón de esto es simple: los usuarios de Pinterest son compradores activos. De hecho un estudio realizado por Shopify (https://www.shopify.com/infographics/pinterest) muestra que el 87% de los usuarios de Pinterest utilizan ese medio cuando toman decisiones de compra. Ese es el tipo de tráfico que deseas para tu negocio: personas que están buscando activamente comprar algo.

Estos son los ingresos de un mes a otro, por un total de $10,301.04:

Julio - $ 1,376.69

Agosto - $ 3,991,03

Septiembre - $ 4,933.32

Jon incluyó el mes de junio en el gráfico para que puedas ver la dramática tasa de crecimiento de los últimos meses (pero no está incluido en el número total de ganancias). El valor de octubre es una previsión para el próximo mes. Jon espera que Octubre sea mucho mejor que septiembre sobre la base de las tasas de crecimiento a corto plazo.

Él se ocupa de monetizar el tráfico con tres fuentes diferentes:

1. Google AdSense
2. Ventas de afiliados de ClickBank
3. Ventas de afiliados de Amazon

ClickBank y AdSense se llevan la mayor parte del rédito. Al momento de escribir esto Jon comentaba que recién estaba aumentando el tráfico de Amazon para una propiedad web en particular. Los resultados son muy prometedores, por lo que espera que la participación de Amazon en los ingresos crezca considerablemente en los próximos meses.

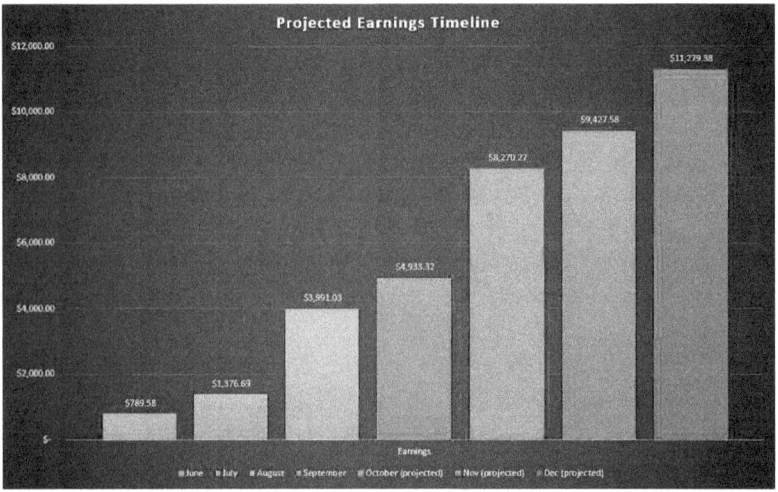

El gráfico arriba es su proyección de ganancias hasta el final del año. Se basa en las tasas actuales de crecimiento a corto plazo sólo de las propiedades web actuales que está monetizando con Pinterest.

La verdad es, sin embargo, que va a estar agregando más propiedades web a su red antes de ese tiempo, lo que significa que los números mostrados en este gráfico son nada más que una estimación bastante conservadora.

2. El tráfico

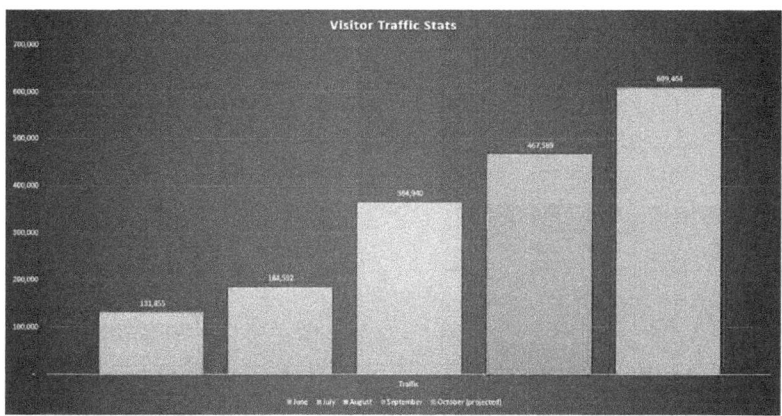

Jon ha utilizado Pinterest para generar más de un millón de visitas a sus sitios web entre julio a septiembre del año 2016. Pinterest puede que no tenga tantos usuarios activos como Facebook o Twitter, pero su experiencia y todas las pruebas que ha realizado demuestran que ofrece tráfico mucho más orgánico (sin pagar) por pin (publicación) que Facebook y Twitter combinados.

La razón es la longevidad. Las imágenes que publicas en tu cuenta pueden ser "repinned" (republicadas) en los tableros de otros usuarios. Cuando otro usuario coloca un pin a tu imagen en su tablero, esa imagen se mostrará en la línea de tiempo de todos los que siguen a ese usuario. Esos usuarios a su vez también pueden volver a republicar la imagen, lo que resulta en un flujo continuo de tráfico viral todo el tiempo si esa imagen se vuelve popular.

Mientras que otros sitios de redes sociales también notifican a los amigos o seguidores de un titular de cuenta cuando te gusta o compartes algo, Pinterest es más visual y sus usuarios participan activamente haciendo compras (lo que significa más clics a tu sitio), algo que es muy superior según la experiencia de Jon.

Aquí están los números concretos que tienen que ver con las visitas mes a mes, totalizando 1.013.501 visitantes:

Julio - 184.592 visitantes

Agosto - 364.940 visitantes

Septiembre - 467.589 visitantes

Al igual que con las ganancias, se incluyó junio en el gráfico sólo con fines de comparación, pero no está incluido en el total de más de un millón. Octubre es su pronóstico basado en las tasas de crecimiento a corto plazo.

3. Suscriptores de correo electrónico

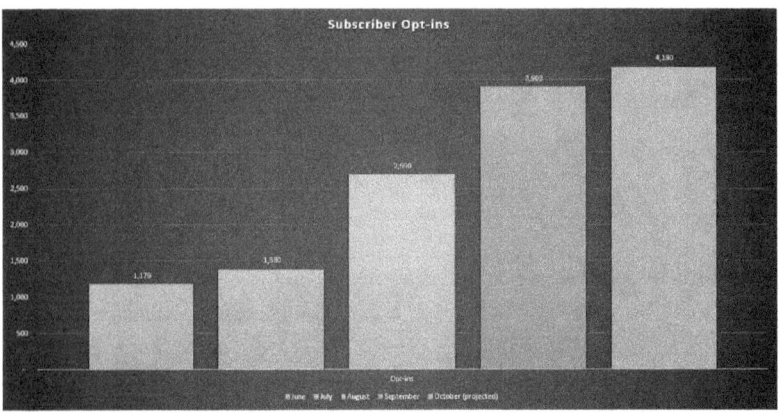

Jon ha utilizado el tráfico de Pinterest para agregar 7,475 suscriptores a sus listas de correo electrónico entre julio a septiembre del 2016.

"El dinero está en la lista", dicen los vendedores todo el tiempo, y es verdad. Es mucho más fácil venderle a alguien que ha provisto sus datos para recibir información de marketing de tu parte que si quisieras hacerlo a alguien que te visita por primera vez. Esto es así ya sea que estés comercializando a través del correo directo, anuncios de televisión, vídeo, radio o enviando tráfico a tu sitio web.

Cuando tienes a personas que se han ofrecido a formar parte de tu lista de correo electrónico (opted-in), puedes comenzar a construir confianza con ellos mediante el envío de información valiosa sobre el tema que les interesa. Una vez que has captado su interés y que confían en ti, entonces serán mucho más propensos a comprar basados en tu recomendación.

No malinterpretes esta técnica: también se gana mucho dinero de los visitantes directos al sitio, tanto en publicidad como en las referencias que puedes generar como afiliado. Pero te estarías perdiendo grandes ingresos semanales si no creas una lista de correo electrónico para estar en contacto frecuente con tus suscriptores. Incluso si sólo estás enviando a ese suscriptor a la última publicación de tu blog, todavía puedes ganar más dinero cuando haga clic en los anuncios o compre la oferta que estás anunciando como afiliado.

Estos son los números que Jon consiguió con este sistema, totalizando 7.475 opt-ins de correo electrónico:

Julio – 1,380

Agosto - 2,690

Septiembre – 3,405

Al igual que con las ganancias y el tráfico, opt-ins crecieron dramáticamente de mes a mes. Jon espera que esa tendencia continúe, lo que aumentará aún más las ganancias a medida que se comunica más frecuentemente con los suscriptores.

Los métodos usados

Como ya habrás adivinado, Jon no obtiene estos resultados de una sola cuenta de Pinterest. Tiene varios sitios web y también varias cuentas dedicadas a la promoción de cada sitio. Pinterest te permite crear cuentas de negocios con fines promocionales. Al tiempo de escribir esto, Pinterest no te limita a una sola cuenta. Muchas personas administran múltiples negocios, y Pinterest naturalmente quiere que todos ellos formen parte de su plataforma.

Él también se fijó en cada una de sus cuentas por lo general unos cientos de veces al día. Esas imágenes están vinculados a páginas específicas de sus sitios web. La gente hace clic en esas imágenes, visitando así sus páginas web y generando tráfico e ingresos. Se trata realmente de un juego de números. Cuanto más publicas y más llamativas son las imágenes, más tráfico podrás generar.

Otra cosa es que Jon sigue a los usuarios con un claro interés. Al igual que con todos los sitios de redes sociales, un cierto porcentaje de las personas que tú sigues terminarán siguiéndote a ti. Jon utiliza esto para seguir creciendo la popularidad de sus cuentas de Pinterest.

Con el fin de obtener seguidores que están claramente interesados en su mercado busca consejos relacionados con ese segmento y sigue a los usuarios que están siguiendo ese tipo de tableros. Aproximadamente entre 10% a 25% de esos usuarios lo siguen, haciendo crecer así la popularidad de esa cuenta. Como vimos anteriormente, cuando publicas una imagen, ésta aparece en la línea de tiempo de estos usuarios, lo que resulta en tráfico a sus sitios.

Su experiencia ha sido que si muchos usuarios están claramente interesados en su mercado, es más probable que esas imágenes se muestren en los resultados de búsqueda. Así que tener una cuenta popular genera tráfico no sólo de sus seguidores, sino también de la función de búsqueda de Pinterest.

Obviamente Jon no puede publicar centenares de veces al día en múltiples cuentas o seguir a mucha gente todos los días sin hacer uso de alguna clase de automatización. Él ha desarrollado una herramienta de software interno que le ayuda a hacer todas estas tareas, facilitando el crecimiento de cuentas populares en sus nichos de mercado que generan tráfico a sus sitios e ingresos importantes de ese tráfico.

Aunque Jon no tiene planes de lanzar esta herramienta de software que está usando al público en general (no está diseñada para uso personal multiusuario), está trabajando en una nueva herramienta de escritorio que duplica la funcionalidad que es más importante para él. La nueva herramienta funciona en Windows, Mac y Linux. Está siendo diseñada desde cero para poder utilizar todo lo que Jon ha aprendido sobre Pinterest en el último año para ayudarte a maximizar el valor que esa red social puede aportar a tu propio sitio web y a tu negocio online.

Al igual que con cualquier automatización de software, necesitarás usar esta herramienta de manera tal que no viole la Política de Uso Aceptable de Pinterest. Si no lo haces puede que tu cuenta de Pinterest (o cuentas) se suspendan para que ya no puedas volver a utilizarlas.

La buena noticia es que este software ya está disponible para usar, sin embargo y como lo mencioné anteriormente, no está a la venta para el público en general. Sólo un puñado de personas puede usarlo en este momento, al suscribirse al club de coaching que tiene Jon.

Este club ofrece muchísimas herramientas que diariamente uso en mis negocios, tales como un Enviador de Correos electrónicos (recientemente transferí toda mi base de datos desde aWeber a este servicio), Creador automático de artículos sobre cualquier nicho de mercado, y diversas otras herramientas web, incluidas Social Multiplier 2, el software relacionado con Pinterest.

Puedes saber más de este club y todas las herramientas que ofrece. Ir a: http://geni.us/jonleger

*****

8
El Negocio del Futuro

Iba a terminar el libro con la última estrategia que leíste arriba, pero hace apenas unos meses que me entero de esta gran oportunidad y tiene mucho que ver con la nueva manera de hacer negocios hoy en día.

Si eres una de esas personas que se ha enterado hace más de 15 años que existe mucha gente ganando dinero en Internet, o que hay muchísima gente ganando dinero en línea y que hay gente que se ha hecho multimillonaria en estos últimos tiempos usando el Internet tengo algo que contarte.

A estas alturas seguro te has cruzado con gente que comercializa productos, bienes o servicios desde muchas partes del mundo y probablemente esos negocios nunca te han llamado la atención, primero porque a lo mejor eres escéptico, porque a lo mejor tú educación fue totalmente tradicional como la mía, o porque tus padres te educaron para que estudies durante 25 años con el fin de trabajar otros 40 años de tu vida para alguien más y después jubilarte, etc.

Hay muchas razones por las cuales probablemente nunca te has decidido a arrancar tu propio negocio y a emprender aprovechando la tecnología a tu favor, sin embargo hoy escribo esto para decirte que existen negocios para ti que no tienes mucha experiencia, que tienes muy poco dinero o que tienes pocos ingresos. Con una pequeña parte de tus ingresos, desde 400 dólares, puedes empezar el mejor negocio y el más lucrativo del mundo. Solamente esa inversión te permite acceder a un mundo extraordinario que te va a permitir ganar dinero en dólares todas las semanas de tu vida. Así funcionan los negocios en línea.

Probablemente antes te daba miedo intentarlo, probablemente antes no sabías cómo hacerlo, probablemente no sabes cómo hablar con los demás, no sabes vender y piensas que ignoras muchas cosas, pero tengo una maravillosa noticia: hoy no necesitas saber hacer absolutamente nada de esas cosas.

Es más, si has leído alguno de los libros de Robert Kiyosaki, como Padre Rico Padre Pobre y Escuela de Negocios, él recomienda un modelo que puede generar grandes ganancias.

La mayoría de la gente por ahí piensa que la venta directa es una estafa o no es una manera viable de hacer el dinero, y esto es así porque la gran mayoría ha tenido un encuentro con algún vendedor novato sin capacitación.

Donald Trump y Robert Kiyosaki tienen un capítulo entero dedicado a la venta directa en el libro que ambos escribieron llamado "Por qué deseamos que seas rico" y después Kiyosaki expandió los conceptos en su libro titulado "El negocio del siglo XXI". Los dos libros reúnen grandes consejos tanto para emprendedores como para empresas de marketing en red.

Ambos, Trump y Kiyosaki recomiendan el concepto de Network Marketing, y no es mi idea ahondar en detalles, pero creo firmemente que es una buena oportunidad para ganar dinero.

Personalmente he estado involucrado en algunas empresas de multinivel y he ganado varios miles de dólares trabajando al promocionar los diferentes tipos de productos que se comercializan con ese modelo.

Sin embargo, recientemente me enteré de una compañía que llamó mucho mi atención por diferentes razones, las cuales comparto brevemente:

Esta compañía paga bonos diarios y semanales. Todo el mundo gana en este negocio, aun las personas que no trabajan. A pesar de tener un modelo de negocio de Network Marketing, este es totalmente diferente. Al comercializar un producto totalmente diferente a lo que normalmente se comercializa en este tipo de empresas como suplementos alimenticios, productos de belleza, artículos para el hogar, etc., el beneficio tiene una plusvalía tan grande que le permite a la compañía pagarle bonificaciones a las personas que construyen la red como también a los que no lo hacen.

Las personas que deciden no hacer el negocio de Network Marketing reciben un 5% del total de su inversión durante 50 semanas. ¡No me equivoqué en los números! La empresa te devuelve el 150% de tu inversión en menos de un año, es decir que al finalizar las 50 semanas tendrás el 100% de lo que invertiste más las ganancias, totalizando un 250%. Esto tiene que ver principalmente por el tipo de producto que se comercializa, el cual no está al alcance del público en general.

El riesgo de inversión es prácticamente nulo en este momento. Cuando inviertes en la empresa se genera una factura por el valor del producto, se te entrega un certificado que acredita la legalidad del producto y se firma un contrato contigo ante las leyes de Hong Kong a pagarte durante un período de hasta 50 semanas el 5 por ciento sobre el valor del producto que hayas adquirido.

Hoy en día hay más de 380,000 personas ganando dinero todos los lunes de cada semana en más de 100 países diferentes. Si el día de hoy se terminaran los ingresos de esta compañía, la misma tiene el dinero suficiente para pagarles durante un año a todas las personas en la red.

Una persona se enteró de esta oportunidad y fue a su país, Pakistán, a contarle a los suyos. Si sabes algo de esto sabrás que los multiniveles rara vez se interesan en estos países por los muchos problemas que conlleva. Este joven de 23 años en menos de 12 días ya tiene una red de 250 personas, y está ganando más de 20,000 dólares en un lugar verdaderamente pobre y necesitado.

Lo que él está ganando ahora es lo que él y toda su familia no hubieran podido ganar en 10 años de trabajo. Oportunidades de este tipo, un negocio del primer mundo y la posibilidad de escalarlo a nivel global son las ocasiones que buscan las mentes millonarias de este nuevo tiempo.

Esta empresa no es la clásica compañía de multinivel tradicional pues no tiene un producto tradicional, el producto tiene que manejarse con un nivel de seguridad y secrecía enorme. El producto es delicado de manejar y se manipula con muchísima discreción.

La compañía tiene más de 60 abogados a nivel mundial y en cuanto al capital tiene un convenio con una empresa seria avalada por todos los bancos centrales europeos para recibir dinero y pagar a sus asociados, tanto los bonos semanales como las comisiones por la red que vas armando.

Es de esta manera que te permite operar en todo el mundo. Imagina cómo podría el joven de 23 años operar en Pakistán si no fuera así. La empresa te brinda una tarjeta de débito MasterCard internacional para poder extraer tus comisiones.

Gracias al sistema de comercio electrónico de esta empresa es que se puede operar en cualquier rincón del planeta, y eso te pone en una posición de ventaja competitiva ante cualquier otra empresa.

Una de las grandes ventajas que me llamó mucho la atención es lo siguiente. El mundo de las redes es un mundo gigante, hay miles de compañías multinivel alrededor del mundo y en prácticamente todas tienes que consumir un producto que te sale entre 100 y 400 dólares mensuales, y si tú no consumes ese producto cada mes no cobras comisiones.

Esta es la única compañía del mundo donde la gente solamente paga el producto al entrar, y de ahí simplemente se dedica a cobrar. Aun si no construyes tu red el peor escenario es quedarte con el 250 por ciento del rendimiento del producto que hayas adquirido durante un año.

Es un verdadero sueño, es una realidad, es una compañía seria y 100 por ciento legal, que está creciendo más que ninguna otra en el mundo.

Es la única compañía del mundo que tiene al 100 por ciento de sus distribuidores ganando dinero, y eso no existe en ninguna otra empresa con este modelo de negocios.

Oportunidades como esta aparecen muy pocas veces en la vida. Personalmente siempre estoy buscando oportunidades de negocio y me gusta compartirlas con los demás, por eso escribí este libro, para comunicar las estrategias y técnicas que me han ayudado a generar más ingresos.

Si piensas que te gustaría obtener más detalles sobre la compañía y su producto, para recibir toda la información inmediatamente, ,ir a: http://geni.us/negocios

*****

Palabras Finales

Simplemente decirte que espero que puedas poner en práctica algunas de estas estrategias y si alguna no te llega a convencer, que puedas hacer, como lo mencioné al principio, tu propia investigación para saber si es algo que se puede anexar a tu negocio con el fin de darle más rentabilidad.

Te animo a que sigas emprendiendo, a que sigas persiguiendo ese sueño que llevas dentro y que sigas esforzándote por alcanzar las metas que tienes por delante. Las personas que buscan oportunidades las encuentran, y aquellas que saben diseñar sistemas para sus negocios prosperan más rápido que otras.

Recuerda que un verdadero emprendedor tiene una visión clara de qué es lo que desea para su negocio. Analiza sus propias fortalezas, las de su competidor, las preferencias del mercado, y luego diseña un plan de acción para alcanzar los objetivos propuestos. El emprendedor sabe que la gran oportunidad está dentro de su negocio, y no lo que se anuncia como la gran oportunidad para ganar dinero fácilmente y más rápido allá afuera.

La pregunta que se hacen los emprendedores es la siguiente: "¿Cuáles son las mejores oportunidades para lograr mi visión?"

El simplemente saltar de oportunidad en oportunidad sin rumbo fijo claramente indica que no tienes una estrategia definida de antemano, y como no tienes una clara visión de lo que quieres lograr no puedes seguir un plan de acción detallado para lograrlo.

La diferencia entre aquel que constantemente busca oportunidades y el emprendedor estratégico es que al estar continuamente intentado encontrar nuevas oportunidades o nuevos nichos de mercado, estás derrochando energía que puedes usar más eficientemente. Necesitas primero descubrir en qué juego puedes sobresalir y luego jugar para ganar. Mira primero en tu interior, y luego mira a tu alrededor.

Nunca dejes de buscar. Espero que este libro te haya ayudado a encontrar algunas estrategias para tu negocio actual.

Nos leemos en otra ocasión.

Estimado Lector

Nos interesan mucho tus comentarios y opiniones sobre esta obra. Por favor ayúdanos comentando sobre este libro. Puedes hacerlo dejando una reseña al terminar de leer el mismo en tu lector de libros electrónicos o en la tienda donde lo has adquirido.

Puedes también escribirnos por correo electrónico a la dirección info@editorialimagen.com.

Si deseas más libros como éste puedes visitar el sitio de Editorial Imagen para ver los nuevos títulos disponibles y aprovechar los descuentos y precios especiales que publicamos cada semana.

Allí mismo puedes contactarnos directamente si tiene dudas, preguntas o cualquier sugerencia. ¡Esperamos saber de ti!

*****

Más Libros de Interés

El Secreto de los Nuevos Ricos - Descubre cómo piensan las mentes millonarias del nuevo siglo.

La mayoría de la gente batalla con sus finanzas porque no comprende la naturaleza del dinero o de cómo funciona el sistema económico actual. Descubre cómo piensan aquellos que han logrado enormes fortunas y cuáles son las reglas del juego en esta nueva economía

Cómo ganar amigos e influenciar a las personas en el siglo 21 (Serie de autoayuda y desarrollo personal)

Lecciones transformadoras que le permitirán a cualquiera conseguir relaciones duraderas y llevarse bien con personas en todos los ámbitos de la vida moderna.

Cómo Desarrollar una Personalidad Dinámica - Descubre cómo lograr un cambio positivo en ti mismo para asegurarte el éxito (Serie Autoayuda y Superación Personal)

En este libro aprenderás los secretos de las personas altamente efectivas en su negocio, cómo desarrollar una actitud positiva para tu vida familiar y tu profesión, cualquiera que esta sea.

Historias de Éxito - Descubre los secretos de las empresas que pueden inspirarte a llegar aún más lejos (Spanish Edition) (Serie Autoayuda y Superación Personal)

Todos conocemos industrias, compañías o empresas muy prósperas que han cosechado, no solo una cantidad indecente de dinero, sino fama, a menudo polémicas, problemas, un lugar privilegiado en la sociedad, prestigio y un sin fin de frutos. Si se te pidiera algún ejemplo, podrías contestar sin dudar, pero, ¿conoces sus inicios?

Alcance Sus Sueños - Descubra pasos prácticos y sencillos para lograr lo que hasta ahora no ha podido (Serie Autoayuda y Superación Personal)

Este libro ha sido escrito con el propósito de ayudarle a alcanzar aquellas metas que todavía no ha logrado y animarle a seguir luchando por aquellos sueños que está persiguiendo.

Cómo Adoptar Un Pensamiento Creativo - Generando Nuevas Y Provechosas Ideas (Guías de Autosuperación)

En este libro le mostraremos cómo incrementar su capacidad creativa. Podrá encontrar los siguientes temas desarrollados ampliamente: * ¿Cómo puedo adoptar un Pensamiento Creativo? * Algunos ejemplos de Pensamiento Creativo * ¿Qué habilidades ayudan al Pensamiento Creativo? * Técnicas eficaces de Pensamiento Creativo * Cómo convertirse en un Pensador Creativo * Una lección de Pensamiento Creativo

El Arte De Resolver Problemas - Cómo Prepararse Mentalmente Para Lidiar Con Los Obstáculos Cotidianos (Guías de Autosuperación)

Todos tenemos problemas, todos los días, desde una pinchadura de llanta, pasando por una computadora que no enciende a la mañana o las bajas calificaciones de un hijo en el colegio. Usted es un solucionador de problemas y probablemente ni siquiera se ha dado cuenta. Sin embargo, debe prestar atención a sus capacidades para ser cada vez más y más efectivo.

Los Secretos Del Pensamiento Innovador - Cómo Generar Nuevas Ideas (Guías de Autosuperación)

Este libro le ayudará a descubrir lo creativo que está dentro suyo. El pensamiento innovador es algo que puede ayudarle en muchos aspectos de su vida. Es posible utilizar ideas innovadoras para cientos de cosas diferentes. Inventar un nuevo producto, crear una fórmula revolucionaria, desarrollar una exitosa idea de negocios, los límites están en su propia imaginación.

Cómo Hablar en Público Sin Temor - Estrategias prácticas para crear un discurso efectivo (Serie Oratoria Eficaz)

Hablar en público, en especial delante de multitudes, generalmente se percibe como la experiencia más estresante que se pueda imaginar. Las estrategias de oratoria presentadas en este libro están diseñadas para ayudarte a transmitir cualquier idea y mensaje ya sea a una persona o a un grupo de gente

Cómo Utilizar Las Palabras Para Vender - Descubre el poder de la persuasión aplicado a las ventas online (Serie Marketing)

¿Por qué tu competencia vende el triple si ofrece el mismo producto que tú ofreces, en las mismas condiciones y al mismo precio? ¡Tal Vez No Estés Utilizando Las Palabras Adecuadas!

Secretos Revelados del Internet Marketing - Descubra todas las estrategias que los profesionales aplican para triunfar online (Serie Marketing)

No importa si jamás ha tenido una experiencia previa con los negocios a través de internet, este completo manual le enseñará todos los secretos que usted necesita conocer, sin necesidad de realizar un gran esfuerzo. Yo mismo he estado trabajando en el internet marketing por 6 años y le aseguro que no fue sencillo en los comienzos.

Cómo Aprovechar el Video Blog Al Máximo - Transforma lectores pasivos en fanáticos que queden pegados a tu blog (Serie Marketing)

Es un hecho. Los blogs de vídeo se están convirtiendo día a día en una de las tendencias más populares y exitosas de la red. Sin embargo, como la preparación de blogs, conocida popularmente como "vidding" o "videoblogging" es algo aun relativamente nuevo en comparación con los métodos más tradicionales de difusión de información a través de Internet, mucha gente no se encuentra familiarizada con los pormenores del proceso.

Cómo influir en las personas - Aprende a ejercer la influencia en los demás para mejorar tus relaciones interpersonales (Serie de Eficiencia Mental)

Aprende cómo ejercer una influencia dominante sobre los demás. Un manuscrito descubierto recientemente enseña técnicas de control mental novedosas, provenientes de un estadista oriental antiguo.

La Administración Eficaz Del Tiempo - Aumenta tu productividad y aprende como organizar mejor tu tiempo (Serie de Eficiencia Mental)

Este libro no es otra guía más sobre la gestión eficaz del tiempo. En esta obra descubrirás las herramientas que necesitas para crear una vida llena de productividad. Descubre cuáles son tus "consumidores de tiempo" y cómo se pueden evitar para gestionar mejor el tiempo.

Cómo mejorar la memoria y la concentración - Técnicas para aumentar tus capacidades mentales y lograr que el cerebro funcione a su máximo rendimiento (Serie Eficiencia Mental)

La memoria es como un músculo: cuanto más se usa, mejor se pone, pero cuanto más se descuida, se vuelve peor. ¡Descubre cómo recordar fácilmente nombres, caras, números, eventos y cualquier información usando técnicas sencillas pero poderosas que hasta un niño de 12 años puede aplicar!

Lean Manufacturing En Español - Cómo eliminar desperdicios e incrementar ganancias, Descubre cómo implementar el Método Toyota exitosamente

En este libro hallarás una gran variedad de consejos e historias reales de casos exitosos, incluyendo información reveladora y crucial que muchas empresas ya han puesto en práctica para agilizar sus procesos de producción y lograr la mejora continua.

www.ingramcontent.com/pod-product-compliance
Lightning Source LLC
LaVergne TN
LVHW011712060526
838200LV00051B/2883